성 에프렘의 기도
"내 생명의 주님이시며 주관자시여"

영적 정화를 위한 실천적 지침

성 에프렘의 기도

초판1쇄 발행   2013년 8월 6일
초판2쇄 발행   2023년 11월 13일

지 은 이   조성암 암브로시오스 대주교
펴 낸 이   조성암 암브로시오스 대주교
펴 낸 곳   정교회출판사
출판등록   제313-2010-5호

주   소   서울특별시 마포구 마포대로 18길 43
전   화   02)364-7020
팩   스   02)6354-0092
홈페이지   www.philokalia.co.kr
e-mail   orthodoxeditions@gmail.com

ISBN 978-89-92941-28-0   03230
정가 10,000원

ⓒ정교회출판사

이 책의 한국어판 저작권은 정교회출판사에 있습니다.
저작권법에 의해 한국 내에서 보호를 받는 저작물이므로 무단 전재 및 무단 복제를 금합니다.

The publication of this book was made possible through the generous donation of the faithful members of the Holy Apostles Orthodox Church(Westchester, IL., U.S.A.)

성 에프렘의 기도

조성암 암브로시오스 대주교

정교회출판사

열과 성을 다해 나의 설교를 경청한
서울 성 니콜라스 대성당의 사랑하는 교인들에게
깊은 사랑을 가지고 영적 성장을 기원하는 마음으로
이 책을 헌정합니다.

차 례

- 머리말 8
- 시리아의 성 에프렘 12
- 시리아의 성 에프렘 성인에 대한 니사의 그레고리오스 성인의 헌사 16
- 성 에프렘의 기도에 대해서 23

I 나에게 주지 마소서

1. 내 생명의 주님이시며 주관자시여 28
2. 내 생명의 주님이시며 주관자시여, 나태한 마음을 나에게 주지 마소서 32
3. 내 생명의 주님이시며 주관자시여, 절망하는 마음을 나에게 주지 마소서 43
4. 내 생명의 주님이시며 주관자시여, 지배하려는 마음을 나에게 주지 마소서 55
5. 내 생명의 주님이시며 주관자시여, 헛된 말 하는 마음을 나에게 주지 마소서 67

Ⅱ 나에게 주소서

6. 내 생명의 주님이시며 주관자시여, 당신의 종인 나에게 정결한 마음을 주소서 80
7. 내 생명의 주님이시며 주관자시여, 당신의 종인 나에게 겸손한 마음을 주소서 93
8. 내 생명의 주님이시며 주관자시여, 당신의 종인 나에게 인내하는 마음을 주소서 103
9. 내 생명의 주님이시며 주관자시여, 당신의 종인 나에게 사랑하는 마음을 주소서 113
10. 주님이시며 임금이시여, 나로 하여금 내 자신의 잘못을 알게 하소서 122
11. 주님이시며 임금이시여, 나로 하여금 내 형제를 판단치 않게 하소서 130
12. 주님은 영원히 찬미 받으시나이다. 아멘 143

■ 맺음말 150

머리말

"몸을 씻어 정결케 하여라. 내 앞에서 악한 행실을 버려라. 깨끗이 악에서 손을 떼어라"(이사야 1:16)

　이 책은 2011년과 2012년에 걸쳐 서울 성 니콜라스 주교좌 대성당 사순절 기간 매주 금요일 저녁에 드린 성모기립 찬양에서 교인들에게 했던 설교를 모아 만들었습니다.
　저는 교인들이 이 설교로부터 많은 영적인 유익을 얻었다는 고백을 들은 후 하느님을 사랑하는 다른 많은 영혼들에게도 영적인 정화와 구원에 도움이 되었으면 하는 바람을 가지고 이 책을 출간하기로 하였습니다.
　이 책은 가급적 당시에 행했던 설교체를 그대로 유지하려 하였고, 설교의 내용도 극히 일부분만을 가감하였을 뿐입니다.
　설교는 크게 두 가지 사료에 기초하여 구성되었습니다. 하나는 성서이고, 다른 하나는 초대교회의 스승들과 위대한 교부들의 저서들입니다.(4세기에서 6세기)
　에프렘 성인의 작품을 다룬 것은 사실 의도한 바가 큽니다. 왜냐하면 4세기의 위대한 스승인 시리아의 에프렘 성인을 한국에 처음 소개하는 것이기 때문입니다.

앞으로도 계속 에프렘 성인의 다른 많은 작품들이 더 소개되어 초대교회의 스승이자 위대한 교부이신 에프렘 성인의 꿀처럼 달콤한 영적 가르침을 한국 독자들도 늘 경험할 수 있게 되기를 소망하면서, 4세기의 또 다른 위대한 교부이신 요한 크리소스톰 성인께서 에프렘 교부에 대해 기술한 내용을 발췌해 인용해보겠습니다.

"상심한 이들의 위로, 젊은이들의 양성, 회개한 이들의 길잡이, 이단들에 맞서는 칼, 영성의 단지, 덕의 그릇인 이 위대한 에프렘 같은 사람이 어디 또 있단 말인가?"[1]

2012년 5월 9일
이사야 예언자 축일에
정교회 한국대교구
✝ 조성암 대주교

---

1) 성 요한 크리소스톰, *Λόγος περί ψευδοπροφητῶν*, PG 59, 560.

에프렘 성인

성 에프렘의 기도

  내 생명의 주님이시며 주관자시여, 나태한 마음과 절망하는 마음과 지배하려는 마음과 헛된 말 하는 마음을 나에게 주지 마소서.

  그리고 당신의 종인 나에게 정결한 마음과 겸손한 마음과 인내하는 마음과 사랑하는 마음을 주소서.

  주님이시며 임금이시여, 나로 하여금 내 자신의 잘못을 알게 하시고 내 형제를 판단치 않게 하소서.

  주님은 영원히 찬미 받으시나이다. 아멘.

시리아의 성 에프렘
(AD 306-373)

에프렘 성인의 경이로운 기도를 분석하기 전에 독자들의 이해를 돕기 위해 성인의 전기를 먼저 간략하게 살펴보려 한다.

성인의 삶과 작품에 대한 자료로는 니사의 그레고리오스 성인[2], 소조메노스[3], 팔라디오스[4], 키로스의 테오도리토스[5] 그리고 이에로니모스 성인[6]의 저술을 사료로 삼았음을 밝힌다.

시리아의 위대한 교회 교부들 가운데 한 분이신 에프렘 성인은 306년 메소포타미아의 도시 니시비스에서 그리스도교 신앙을 가진 부모로부터 태어났다. 성인은 이와 관련해 이렇게 언급했다. "나의 조상들은 재판관 앞에서 그리스도를 고백하였다.[7] 나는 순교자의 가족이다."[8]

성인은 학업을 마치고 나서 하느님께 자신을 봉헌하기로 결심하

---

2) 니사의 성 그레고리오스, Ἐγκώμιον, PG 46, 820-49.
3) 소조메노스, Ἐκκλησιαστικὴ Ἱστορία, 3:16, PG 67, 1085-93.
4) 팔라디오스, Λαυσαϊκὴ Ἱστορία, 81, PG 34, 1204-09.
5) 키로스의 주교, 테오도리토스, Ἐκκλησιαστικὴ Ἱστορία, 4:26, PG 82, 1089-92.
6) 이에로니모스, De viris illustribus, PL 23, 115.
7) 에프렘 성인은 디오클레티아누스가 행한 로마제국 동쪽 지방의 박해를 의미하고 있다.
8) 시리아의 성 에프렘, Ἔργα 1, Ἔλεγχος αὐτοῦ καὶ ἐξομολόγησις, 323.

였다. 성인의 영적 아버지는 니시비스의 야고보 성인이었다. 에프렘 성인은 19세가 되던 해에 제1차 세계 공의회(325)에 참석하는 영적 아버지 야고보 성인을 따라 길을 나서기도 했다. 영적 아버지의 인도로 성서 공부와 영적인 수련에 열정적으로 매진하게 된 성인은 니시비스에 있는 교육기관에서 백성들을 가르치기 시작했다.

에프렘 성인은 이집트의 잘 알려진 수도 중심지역을 둘러보기 위해 이집트로 여행을 떠났고 돌아오는 길에는 저명한 대 바실리오스 성인을 만나기 위해 카파도키아의 케사리아를 방문했다. 그리고 대 바실리오스 성인으로부터 보제 서품을 받게 된다.[9]

에프렘 성인은 평생을 보제로 봉직했다. 지극한 겸양의 미덕으로 성직의 상급 직위를 받아들이지 않았기 때문이다. 성인은 윤리적으로 엄격했고, 엄청나게 수행했으며 그리고 순수함으로 해서 언제나 빛을 발했다.

페르시아가 니시비스를 침략했을 때에는(AD 338, 346, 350 그리고 359), 조국의 해방을 위해 동포들과 함께 투쟁에 나섰고 363년 페르시아에 의해 니시비스가 함락된 후에는 에데사로 건너가 생을 마칠 때까지 그곳에서 살았다.

에프렘 성인은 경건함의 표본이었을 뿐만 아니라 사랑의 봉사자이기도 했다. 하느님의 백성을 너무도 사랑한 나머지 그를 필요로 할 때면 침묵과 수련의 장소를 뒤로한 채 발벗고 나섰다. 역사가 팔라디오스는 372년 시리아의 에데사에 참혹한 기근이 들었을 때

---

9) 역사적 사료로 확인되지 않고 전승으로 전해져 내려오고 있다.

성인이 자기 자신은 전혀 돌보지 않은 채 온 힘을 다해 동료 형제들을 돌보았다고 기록했다.[10]

기근이 지나가자 성인은 다시 그의 수도처로 돌아갔고 다음 해인 373년 6월 9일 67세의 나이로 주님의 품에 안겼다. 정교회는 매년 1월 28일에 성인을 기념하는 축일을 지낸다.

에프렘 성인은 초대교회의 위대한 저자 가운데 한 명으로 알려져 있다. 소조메노스는 그의 사료에서 대 바실리오스 성인이 에프렘 성인을 그 시대에 살았던 "모든 이들을 뛰어넘는 학식 있는 자"[11]라고 평가했다고 전한다. 에프렘 성인은 많은 저술활동을 펼쳤으며 훌륭한 영적 서적을 세상에 펴냈다. 그가 저술한 작품들을 범주에 따라 나눠보면 다음과 같다.

1. 성서 주석
2. 구·신약의 선조들, 영광스러운 여인들과 동정녀들의 삶에 대한 설교
3. 이단들에 대항하는 반박 글
4. 수도자들에게 하는 조언과 수행 연구집
5. 기도문
6. 문답
7. 그리스도인으로서의 생활과 믿음에 관련된 다양한 주제에 대한 설교

---

10) 팔라디오스, *Λαυσαϊκὴ Ἱστορία*, 81, PG 34, 1204.
11) 소조메노스, *Ἐκκλησιαστικὴ Ἱστορία*, 3:16, PG 67, 1088.

이 밖에도 에프렘 성인은 이단들이 그들의 교리를 전파하기 위한 도구로 사용하는 음악과 선율에 많은 사람들이 매료되는 것을 보고는 아리오스와 마르키온, 바르데사노스 그리고 마니의 추종자들을 물리치면서 정교회의 가르침을 좀 더 효과적으로 전파하려 많은 성가를 지었다. 이러한 숭고한 목적 하에 성인은 경건한 젊은 여자들을 모아 합창단을 만들었고 배운 성가를 부르게 하였다. 요컨대 에프렘 성인은 교회 음악과 성가를 만든 초대교회 작곡가의 한 명인 것이다.

에프렘 성인의 시리아어 작품은 이미 4세기에 그리스어로 번역되기 시작하였다. 그리고 번역된 그리스어본은 라틴어, 콥틱어, 슬라브어 그리고 아랍어 번역의 출처가 되었다.

에프렘 성인의 작품들과 삶의 특징은 회개이다. 성인은 작품 속에서 언제나 회개의 가치와 하느님께서 회개의 눈물을 기쁘게 받아들이신다는 것을 언급했다. 성인이 "눈물의 성인"으로 명명되는 이유도 바로 여기에 있다.

그의 작품들 중에 가장 잘 알려진 작품이 있다면 바로 정교회 교인들이 익히 들어온 "성 에프렘의 기도"이다. 이 기도문은 대 사순절의 예식에서 매일 수시로 반복되는 기도로서 우리는 앞으로 열두 단원에 걸쳐 이 기도를 묵상하게 될 것이다.

시리아의 에프렘 성인에 대한 니사의 그레고리오스 성인의 헌사[12] (발췌문)

"등불을 켜서 됫박으로 덮어 두는 사람은 없다. 누구나 등경 위에 얹어 둔다. 그래야 집 안에 있는 사람들을 다 밝게 비출 수 있지 않겠느냐?"(마태오 5:15)

저는 오늘 이 복음말씀을 통해 여러분께 한 말씀 드리려 합니다.

제가 드리고자 하는 그 말씀은 다름 아닌 주님께서 [에프렘] 성인의 삶을 태양보다 더 밝고 환하게 밝히셨다는 것입니다. 나는 침묵의 됫박으로 성인의 삶을 덮어 가리기보다는 성인의 삶을 높이 추앙하여 방황하고 있는 모든 이들에게 빛이 되게 하는 것이 주님의 뜻이라 생각합니다.

만약 에프렘 성인께서 당신을 드러내는 것을 원하지 않으시고 인간적인 추앙을 피하고자 하실지라도 그분에 대한 우리의 칭송을 가로막지는 못할 것입니다. 성인께서는 당신 스스로가 베푼 수많은 덕들에 대해 칭송받아 마땅함에도 불구하고 당신을 드러내는 것을 꺼리고 조용하게 숭고한 삶을 살고 싶어 하셨습니다. 저는

---

12) 니사의 성 그레고리오스, Ἐγκώμιον, PG 46, 825-49.

성인께서 추앙받을 만한 일을 했느냐의 여부를 떠나서 그분이 세상적인 명성에는 관심을 두지 않았다는 사실만으로도 이미 칭송받을 만하다고 생각합니다.

나는 에프렘 성인을 찬양하려 합니다. 모든 그리스도인들의 입에서 떠나지 않는 그분의 이름, 시리아의 에프렘 성인을 말입니다.

에프렘 성인은 진정으로 교회의 영적 유프라테스 강입니다. 그분은 강물이 되어 교회 구성원들의 믿음의 씨앗이 수백, 수천 배 자랄 수 있도록 충분한 물을 공급해줍니다. 또한 그분은 풍성한 열매를 맺는 하느님의 포도나무로서 가르침의 씨앗들을 달콤한 포도처럼 열매 맺게 하시고 하느님의 넘치는 사랑으로 그리스도인들을 가슴 벅차게 해줍니다.

그렇다면 과연 우리는 무엇 때문에 성인을 찬양하는 것일까요? 성인의 어떤 모습이 우리로 하여금 성인을 찬송하게 만드는 걸까요?

그것은 바로 성인의 이상과 실천입니다. 성인의 미덕들, 믿음, 희망, 사랑, 경외, 성경말씀 연구, 영육의 순결, 멈출 줄 모르는 눈물, 사막에서의 수련, 끝없는 교육, 한없는 기도, 금식, 철야예배, 형언할 수 없는 수행, 무소유, 지극한 겸손, 인간의 한계를 뛰어넘는 자선, 정교를 미워하는 광란자들과 투쟁하는 하느님을 향한 열정, 그리고 하느님의 사람이라고 특징지을 수 있는 그 밖의 모든 것들이 성인의 이상과 실천에서 흘러나오고 있습니다.

지금 여러분께 말씀드리고 있는 것은 제가 누구에게 들어서 전하는 것이 아닙니다. 그것은 성인께서 남기신 발자취 속에서 제가 직접 얻은 것입니다. 우리는 꽃을 날아다니며 열심히 꿀을 모으는 벌처럼 성인께서 남긴 업적에서 아주 훌륭한 자료들을 수집하여 이렇게 성인을 찬양하고 있습니다.

 에프렘 성인께서는 정교회 교의에 어긋남이 없었으며 올바른 믿음을 가진 분이었습니다. 성인의 저서들과 성인에 대한 교회의 가르침이 그것을 증언하고 있습니다. 성인께서는 당대나 그 이전의 이교 잡초를 뽑는 데에만 심혈을 기울이신 것이 아니라 바른 믿음과 미래를 내다보는 예지의 눈으로 앞으로 나타날 이교들의 싹도 미리 잘라버리셨습니다.

 하느님과 이웃에 대한 사랑을 키우고 가꾸기 위해 온 생을 바쳐 살아오신 성인의 삶이 과연 우리에게는 초자연적이고 역설적으로 비춰지는지요?

 성인께서 끝없이 흘리셨던 눈물에 대해 말을 할 때면 저 역시 눈물이 흐르는 것을 어찌 할 수가 없습니다. 사람들이 쉴 새 없이 호흡을 해야만 하는 것처럼 에프렘 성인에게 멈추지 않는 눈물은 자연스러운 것이었습니다. 성인의 잠들지 않는 눈가에는 언제나 눈물이 마를 날이 없었습니다. 당신께서 말씀하신 것처럼, 때로는 사람들의 죄에 대해 울었고 때로는 자신의 허물에 대해 울었습니다. 눈물은 성인에게 한숨을 가져왔고 한숨은 눈물을 불러왔습니다. 그리고 극히 적은 수의 사람들만이 그 이유를 알고 있었습니다.

 성인께서는 점점 더 독실함의 은사로 넘쳐났습니다. 그래서 지금도 성인께서는 당신의 가르침을 듣는 청중들을 참된 삶으로 돌려놓고 있습니다. 눈물로 반죽된 하느님으로부터 받은 영감의 가르침은 이처럼 강력한 힘을 발휘하고 있습니다.

아무리 마음이 굳고 완고하다 해도 성인의 말씀을 듣고 마음을 풀지 않을 사람이 있을까요? 아무리 잔인하고 야수 같은 사람이라 해도 성인의 가르침을 듣는다면 그 순간 부드러워지고 관대해지지 않을까요?

주님으로부터 가르침의 은사를 넘치게 받았던 성인께서는 다른 이들의 가슴 속에 그 가르침을 심어주어야 한다고 각별히 느끼고 있었습니다. 풍성한 하느님의 지혜로 넘쳐난 성인의 입은 마치 마르지 않는 샘과 같아 오직 기도 말고는 당신의 가르침을 막을 것이 없었습니다. 그리고 기도를 막는 것은 가르침이었습니다. 가르침은 눈물이, 눈물은 다시 기도가 가로막았습니다. 이렇게 눈물과 가르침 그리고 기도로 끊임없이 하느님에 대한 관상 속에서 행복을 느끼며 살았던 에프렘 성인의 말씀은 하느님의 아들이신 말씀에 속했습니다. 아니 말씀으로부터 인도되고 있었습니다.

성인께서는 육체와 쾌락의 욕정을 금식과 절제로 길들이며 주인인 정신에 복종시켰습니다. 밤은 낮으로부터 잠들지 않은 성인을 물려받아 잠들지 않은 성인을 낮에 다시 물려주었습니다. 그리고 성인께서는 생명에 필요한 극히 약간의 수면만을 취했습니다.

성인께서는 사도들에 견줄 만큼 무소유였습니다. 성인을 무소유의 표본이라 말해도 틀리지 않을 것입니다. 우리는 당신께서 천상으로 떠나갈 때 하셨던 "나는 결코 전대나 자루나 지팡이를 가져본 적이 없다. 또한 세상에서 은과 금, 그 무엇도 소유하지 않았다. 나는 천상의 임금께서 제자들에게 아무것도 소유하지 말라는 말씀을 들었기에 그 어떤 것도 갈망한 적이 없었다."(마태오 10:9-10 참조)[13]라는 그 부드럽고 따뜻했던 목소리를 지금도 잊지 못하고 있습니다.

성인께서는 명예와 돈도 경멸했습니다. 왜냐하면 그보다 더 높은 것을 소망했기 때문입니다.

혹시 성인의 겸손을 입증할 증거가 필요하다고 생각하십니까? 모든 인간의 명예를 거부하셨던 성인께서 어떻게 교만과 우월감이라는 바위에 부딪칠 수 있겠습니까?

에프렘 성인께서는 누군가로부터 칭송을 받으면 무척 힘들어했습니다. 부끄러움에 어찌할 바를 몰라 고개를 숙이고 땀을 흘리며 마치 혀가 굳은 것처럼 말도 제대로 하지 못했습니다.

성인께서는 복되고 영원한 생명으로 떠나게 되었을 때에도 당신을 높이지 못하도록 단호하게 말씀하셨습니다. "나를 칭송하지 마십시오. 그리고 비싼 수의를 입히거나 특별한 무덤을 만들어 나를 장사지내지 마십시오. '조상들처럼 나 또한 길손이며 식객'(시편 39:12)[14]이니 나 역시 길손들의 무덤에서 안식을 취하기로 하느님과 뜻을 같이했습니다."

성인께서는 위대한 예언자 엘리야처럼 덕의 불마차로 천상의 전사가 되셨으며, 하느님께서 "뽑은 인재"(사도행전 9:15 참조) 사도 바울로처럼 수없이 많은 유혹들을 견뎌내셨습니다. 그리고 바울로 사도께서 믿음의 씨를 뿌린 것처럼 회개의 씨를 뿌리는 데 힘을 쏟

---

13) 시리아의 에프렘 성인, Ἔργα 7, 400 참조.
14) Ibid, 411 참조.

으셨습니다.

그러니 성인의 영혼이 어디에서 안식을 얻을 수 있겠습니까? 천사단, 예언자들, 사도들의 옥좌, 순교자들의 기쁨, 성인들의 환희, "장자들의 잔치"(히브리 12:23 참조) 그리고 축제를 즐기는 아름다운 소리가 들리는 천상밖에 더 있겠습니까? 찬양 받으실 성인의 거룩하고 복된 영혼은 "천사들도 보고 싶어 하던"(베드로Ⅰ 1:12) 바로 그곳에 자리하셨습니다.

제 생각에는 성인의 영혼이 천상으로 올라갈 때 생전에 이룩하셨던 당신의 덕들이 영혼과 함께 동행하며 영혼에게 형언할 수 없는 아름다움을 보여주었을 것이라 생각합니다.

제일 먼저 사랑의 덕이 성인의 영혼에게 이렇게 말했을 것입니다. "사랑하는 영혼이여, 내가 그대를 위해 어떤 아름다운 선물을 준비했는지 보시오." 그러면서 사랑은 영혼에게 환희를 보여주었을 것입니다.

이어서 겸손의 덕이 영혼에게 말할 것입니다. "하느님을 그토록 갈망하던 영혼이여, 내가 그대를 위해 어떤 안식의 장소를 준비했는지 보시오."

이렇게 모든 덕들은 각각 영혼에게 다가가서 생전에 피땀 흘려 이룬 성인의 노고에 대해 그 보상을 보여주었을 것입니다.

아! 모든 이들의 찬미와 부러움을 사는 여행, 눈물이 필요 없는 죽음이여! 이별, 너는 갈망하던 것을 하나로 맺어 주는구나! 장례, 너 역시 슬픔을 일으키지 않는구나! 오히려 성인의 삶을 돌이켜보며 우리가 위로를 받는도다!

일반 사람들의 죽음은 산자들에게 슬픔을 불러일으키는 원인이 될 것입니다. 하지만 성인들의 죽음은 환희와 축제를 자아냅니다. 아마도 성인들의 죽음은 죽음이 아니라 완전한 곳으로의 이주, 이거移居라 할 것입니다.

교부들 가운데에서 으뜸이 되시는 온 인류의 스승이시여, 보잘것없고 합당치 못하지만 감히 이 칭송을 당신께 선물로 바칩니다. 물론 당신께서는 이러한 칭송을 필요로 하지 않으실 것입니다. 칭송하는 이가 당신의 그 가치에 이를 수가 없는데 어찌 그의 말로 당신이 높아질 수 있겠습니까? 지금 우리가 당신께 드리는 이 칭송은 아마도 당신보다는 우리 자신의 유익을 위한 것일 것입니다. 왜냐하면 성인에 대한 찬양은 때로는 많은 이들에게 더 높은 곳을 향하게 하는 용기와 격려가 되기 때문입니다. 그러나 당신께서는 교부들을 사랑하는 우리의 마음을 아시기에 우리의 선물을 물리치지 않으실 것이라 생각합니다. 아니 이 칭송을 어린 자식이 사랑하는 부모에게 하는 옹알이처럼 받아들이시리라 믿습니다.

생명의 시초이시며 지극히 거룩하신 성 삼위가 계시는 천상의 제단 앞에서 천사들과 함께 예배하시는 성인이시여, 우리 모두를 기억하소서. 우리 죄가 사해져서 우리가 주 예수 그리스도 안에서 영원한 생명의 동참자가 될 수 있도록 중보해주소서. 우리 주님께서는 시작이 없으신 아버지와 거룩하고 생명을 주시는 성령과 함께 이제와 항상 또 영원히 영광을 받으시나이다. 아멘.

성 에프렘의 기도에 대해서

　에프렘 성인의 기도는 정교회 사순절 기도로 널리 알려져 있다. 토요일과 주일을 제외한 평일에 15회씩 반복해 드리고 금요일에는 20회를 반복한다. 다시 말해 이 기도는 사순절 기간 동안 약 5백 회에 걸쳐 예배에서 드려지고 있는 것이다.
　에프렘 성인의 기도는 사람을 거룩하게 이끄는 놀라운 힘을 지니고 있다. 사순절 예배의 신실한 분위기에서 엎드려 절하면서 드려지는 이 기도는 인간의 성스러운 감정을 자극하고 내적인 정화와 인간 구원을 향하도록 회개의 마음을 일으켜준다.
　에프렘 성인의 기도는 간결, 명료하면서도 운율적이고 엄격한 건축학적 구조로 만들어졌다. 기도는 제일 먼저 하느님을 향한 외침으로 시작된다. 이어서 주요부분이 나오는데 주요부분은 다시 두 부분의 상반된 부분으로 나눠진다. 첫 번째 부분은 네 가지의 나쁜 악이 언급되고 두 번째 부분은 네 가지의 덕이 언급된다. 그리고 기도의 마지막 부분은 두 가지의 요청과 함께 주님에 대한 영광으로 끝이 난다.
　기도의 주요부분에는 두 개의 동사가 핵심적 위치를 차지한다.

하나는 부정이고 또 다른 하나는 긍정이다. 즉 "나에게 주지 마소서"와 "나에게 주소서"이다. 그리고 이 두 동사가 목적어로 취하는 명사들은 기도하는 사람의 영적 수준을 잘 보여준다.

일반적으로 사람들은 에프렘 성인이 기도에서 요청하는 것처럼 하느님께 여러 가지를 구하거나 피하게 해달라고 간청한다. 대개는 하느님께 물질적인 부, 안락, 건강, 장수, 미, 세속적 출세, 행복, 영광 그리고 인간의 욕망을 채울 수 있는 것들을 구한다. 달리 말하면, 주된 요청이 육체와 관련된 것들이고 영혼을 위한 간구는 극히 적다. 한편으로는 주로 세속적이고 물질적이며 사라져 없어질 일시적인 것들을 기원하고 또 한편으로는 불행이나 슬픔, 실패, 고통, 가난이 오지 않게 해달라고 청한다. 요컨대 그들은 불멸하며 영원한 것을 찾고 싶어 하지 않으며 영적으로나 육적으로 땀을 흘리며 열심히 수고하는 삶을 피하고 싶어 하는 것이다. 이러한 삶의 자세는 우리가 흔히 말하는 다음의 구절에 그대로 투영되어 나타난다. "건강과 돈이 있으면 됐지 뭐가 더 필요해!"

기도 시간에 하느님께 바라는 요청의 내용에 따라 우리의 마음 상태가 드러난다. 하느님을 예배하는 것인지 맘몬Mammon을 예배하는 것인지, 세상인지 천상인지, 그리고 "나"인지 아니면 하느님과 이웃인지가 잘 드러난다. 주님께서는 분명히 우리에게 "너희의 재물이 있는 곳에 너희의 마음도 있다."(마태오 6:21)라고 말씀하셨다.

바른 기도는 혼자서 쉽게 성취할 수 있는 것이 아니다. 영육으로 수고와 투쟁을 요하는 것이며 그 무엇보다 위로부터 내려오는 도움이 절실하다.

4세기 때의 사부 아가토나스는 덕을 성취하는 데에 필요한 가장 힘들고 어려운 것이 무엇이냐는 질문에 기도라고 답변하며 그 이유를 다음과 같이 설명했다고 한다.

"사람이 기도를 하려고 마음먹으면 사악한 영들은 그가 기도를 할 수 없도록 갖은 방해를 다합니다. 왜냐하면 그들이 가장 두려워하는 무기가 기도라는 것을 잘 알고 있기 때문입니다. 흔히 사람들은 어떤 덕을 이루면 휴식을 취하곤 하는데 기도를 제대로 알고 하려면 평생 동안 수고를 해야만 합니다."[15]

주님의 제자들은 기도를 알지 못했다. 그래서 루가 복음사가 기록하고 있듯이 제자들 중 한 명이 나서서 그리스도께 물었다. "주님, 저희에게 기도를 가르쳐 주십시오."(루가 11:1) 그리스도께서는 제자의 물음에 우리가 잘 알고 있는 "주의 기도"를 가르쳐주셨다. 그때 이후로 주의 기도는 "죽음을 불러오고, 하느님의 원수가 되게 할 뿐인 육체적인 것에 마음 쓰는 일"(로마 8:7)을 그만 두고 전적으로 하느님께 자신들을 내맡기고자 하는 그리스도인들의 기도의 표본이 되었다.

오늘날 "주의 기도"와 더불어 에프렘 성인처럼 하느님의 영감 속에서 성인들이 기록한 교회의 다양한 기도서를 길잡이처럼 가지고 있는 우리는 진심으로 하느님께 감사와 영광을 바친다.

---

15) 아가톤 사부, *Ἀποφθέγματα Γερόντων*, 9.

우리는 개인기도나 예배에서 이러한 기도들을 사용하면서 어떻게 기도하는 것이 올바른 것인지를 배우게 될 것이다. 또 무엇보다 "우리 영혼에 유익하고 좋은 것"[16]을 먼저 하느님께 요청하는 법을 배우게 될 것이다. 그러면 하느님께서 우리에게 하신 "먼저 하느님의 나라와 하느님께서 의롭게 여기시는 것을 구하여라. 그러면 이 모든 것도 곁들여 받게 될 것이다."(마태오 6:33)라는 약속처럼 우리는 살아가는 데에 필요한 모든 것을 하느님으로부터 넘치게 받게 될 것이다.

---

16) 성찬예배서.

I

나에게 주지 마소서

내 생명의 주님이시며 주관자시여

1. 내 생명의 주님이시며 주관자시여

고대로부터 오늘날에 이르기까지 모든 문명사회 속에서 살아가는 사람들 사이에는 나름 의사소통에 필요한 다양한 언어적 표현이 있다. 이 언어적 표현은 행동 양식과 더불어 굉장히 큰 의미를 지니고 있는데 그 이유는 사회적 위치, 지식, 나이, 인간관계, 친밀도 그리고 사랑의 모습들이 그 표현 속에 내포되어 있기 때문이다.

이와 유사하게 인간과 하느님의 관계 역시도 기도시간에 행해지는 언어적 표현을 통해 드러난다. 그런 관점에서 볼 때 에프렘 성인이 기도 맨 처음에 하느님을 부를 때 사용한 "주님", "주관자"라는 호칭의 의미를 살펴볼 필요가 있다.

"주"라는 명칭은 하느님께서 가지고 계시는 성스러운 여러 이름들 중의 하나로서 권위와 권세를 의미한다. 이 명칭은 오랜 세기에 걸쳐 수많은 경건한 영혼들이 사용했던 것으로서 아주 친숙한 호칭이다. 구약이나 신약을 들여다보면 하느님께서 주님으로 불리는 것을 무척 많이 볼 수 있다. 한 예로 다윗은 그의 시편에서 수없이 하느님을 주님으로 부르고 있다. "주여, 소리 높여 당신께 부르짖으니 이 호소를 들으소서."(시편 141:1) "주여, 나의 기도를 들어주소서."(시편 143:1) "주, 내 구원의 하느님, 낮이면 당신께 부르짖고 밤이면 당신 앞에 눈물을 흘립니다."(시편 88:1) "주여, 성난 김에 내 죄를 캐지 마소서, 화나신다고 벌하지는 마소서."(시편 38:1) "주여, 당신께서 사람의 죄를 살피신다면, 감당할 자 누구이리까?"(시편 130:3) 신약에서도 하느님을 아버지라고 호명하듯이 제자들이 그리스도를 "주"로 부르고 있음을 알 수 있다. "주님, 우리가 누구를 찾아 가겠습니까?"(요한 6:68) "주님, 저희가 여기에서 지내면 얼마나 좋겠습니까?"(마태오 17:4) 사도 바울로도 로마인들에게 보낸 그의 편지에서 하느님에 대해 "주"라는 호칭을 사용한다. "예수는 주님이시라고 입으로 고백하고 마음으로 믿는 사람은 구원을 얻게 됩니다."(로마 10:9)

　에프렘 성인이 기도에서 하느님을 호칭할 때 사용하는 "주관자"의 의미도 "주"라는 명칭과 거의 동일한 의미를 가지고 있다. 즉, 절대적 지배자, 우리 생명의 절대적 군주라는 의미를 갖는다. 이사야 예언자는 이렇게 적고 있다. "주, 만군의 주께서 무서운 힘으로 그 무성한 가지들을 베어내시리라."(이사야 10:33) 유딧도 하느님을 "상전되시는 주인님"(유딧 5:20)이라고 부르고 있다. 또한 지혜서에서도 하느님을 "생명을 사랑하시는 주님"(지혜서 11:26)으로 부르고 있다.
　에프렘 성인이 기도의 마지막에 "주님이시며 임금이시여"라고 하느님을 부를 때 사용된 "임금"이라는 명칭도 위에서 언급한 절대적 권력자, 지배자라는 의미와 거의 다를 바 없다.

  그런데 여기서 우리가 각별히 염두에 두어야 할 점은 에프렘 성인이 온 세상의 임금, 주, 주관자로 호명되는 분을 바로 본인 자신의 임금, 주, 주관자로 여기고 있다는 사실이다. 즉, 성인은 하느님을 "내 생명의 주님이시며 주관자시여"라고 부를 때 실제로 그렇게 느끼는 것이다. 사도 바울로가 "나를 사랑하시고 또 나를 위해서 당신의 몸을 내어주신 하느님의 아들을 믿는 믿음으로 사는 것"(갈라디아 2:20)이라고 믿고 고백하듯이 에프렘 성인도 하느님의 아들을 자기 개인의 구세주, 해방자로 느끼고 받아들이는 것이다.
  에프렘 성인은 바로 이 자비로운 임금, 주, 주관자께 그의 기도를 드린다. 동시에 구원에 필요한 모든 유익한 것을 받을 것이라는 믿음과 확신을 가지고 그분께 나아갈 것을 신도들에게 권유한다.

내 생명의 주님이시며 주관자시여,
나태한 마음을 나에게 주지 마소서

나태에 대하여

"일하는 사람이 자기 먹을 것을 얻을 자격이 있다"(마태오 10:10)라는 주님의 말씀은 곧 우리가 얼마나 열심히 살아야 하는지를 단적으로 보여 준다. "제 손으로 일하여 떳떳하게 살며 가난한 사람들을 도와 줄 수 있도록 노력하라"(에페소 4:28)는 사도 바울로의 충고 역시 이 진리를 다시 한번 확인시켜준다. 노동은 단지 우리의 정욕을 죽이는 데에만 유용한 것이 아니다. 이웃에 대한 사랑을 실천하는 데에도 꼭 필요한 수단이다. "나는 여러분도 이렇게 수고하여 약한 사람들을 도와주도록 언제나 본을 보여 왔습니다."(사도행전 20:35) "제 손으로 일하여 떳떳하게 살며 가난한 사람들을 도와 줄 수 있도록 노력하십시오."(에페소 4:28)라는 사도 바울로의 가르침이 바로 이런 이웃에 대한 사랑의 정신이다. 하느님께서는 이런 정신을 마음에 새기고 있는 우리를 통해 우리보다 약한 형제들을 돕고 그들에게 필요한 것들을 제공하신다. 그리고 우리에게는 "'너희는 내 아버지의 복을 받은 사람들이니 와서 세상 창조 때부터 너희를 위하여 준비한 이 나라를 차지하여라. 너희는 내가 굶주렸을 때에 먹을 것을 주었고 목말랐을 때에 마실 것을 주었다."(마태오 25:34-35)라는 주님의 축복이 함께한다.

나태가 얼마나 악한 것인지는 "일하기 싫어하는 사람은 먹지도 말라."(데살로니카Ⅱ 3:10)라는 사도 바울로의 강력한 표현을 통해 분명하게 확인된다. 모든 사람에게 매일의 양식이 필요하듯이 열심히 사는 모습도 꼭 필요하다. 솔로몬의 "나태한 빵은 먹지 않았다."라는 말이 그냥 나온 것이 아니다. 사도 바울로도 복음을 전하는 사도로서 권리가 있었음에도 불구하고 "아무에게서도 빵을 거저 얻어먹지 않았습니다. 오히려 여러분 중 어느 누구에게도 폐를 끼치지 않으려고 밤낮으로 수고하며 애써 노동을 했습니다."(데살로니카II 3:8)라고 스스로 밝혔다. 더 나아가 주님께서는 "악하고 게으른 종"(마태오 25:26)을 언급하시며 이 나태와 악을 연계해서 말씀하셨다. 심판 날, 노동할 수 있는 능력을 주신 주님께서 그 능력에 상응하는 결과를 내놓으라고 할 때 우리는 악하고 게으른 종이라는 질책을 듣지 않도록 주의를 기울이며 살아야 하겠다. 왜냐하면 "많이 받은 사람은 많은 것을 돌려주어야 하며 많이 맡은 사람은 더 많은 것을 내어놓아야"(루가 12:48) 하기 때문이다.

성 대 바실리오스, *Ὅροι κατὰ πλάτος*, 37, PG 31, 1009-12.

2. 내 생명의 주님이시며 주관자시여, 나태한 마음을 나에게 주지 마소서

　에프렘 성인이 하느님께 멀리해 달라고 간청 드린 네 개의 악덕 중에서 첫 번째 악이 바로 나태懶怠이다.
　교회의 교부들에 따르면 나태는 태만으로도 명명되었는데 모든 영적 활동에 무관심하거나 방치, 소홀, 무기력한 정신상태를 의미한다. 이것도 역시 죽을 죄들 중에 하나인데 엄청난 해악을 야기하는 원흉이 되기 때문이다. 나태는 정신과 영혼을 마비시키고 게으르게 만들어 하느님 계명을 수행하지 못하게 하며 무엇보다도 기도를 멀리하게 만든다.

　나태에는 두 가지 종류가 있다. 하나는 영적 나태, 다른 하나는 육적 나태이다. 이 두 부류의 나태는 직접적인 상관관계를 가지고 있으며 인간의 영적 파괴를 불러온다.
　1. 영적 나태는 그 어떤 영적 활동에도 의욕이나 마음이 없는 상태이다. 그것은 사탄이 우리의 정신을 나태하게 만들어 덕을 가꾸어 나가는 선한 투쟁(디모테오Ⅱ 4:7 참조)을 하지 못하도록 가로막기

때문이다. 나태한 상태에 있는 인간은 사탄이 이끄는 대로 끊임없이 "아래"로 추락하게 되며 영적 발전을 이룰 수 없도록 방해를 받는다. 그런 이유로 많은 경우 기도를 시작하는 순간 졸음이 찾아오고 교회를 가려고 하는 순간 몸이 무거워지는 것이다.

  금식을 하려하면 몸이 허약한 것 같은 느낌을 받고 하느님의 말씀이나 영성 서적을 공부하려하면 이런 저런 핑계거리가 생겨 다음으로 미루게 된다. 또 어려운 이웃을 도와줄 마음을 먹으면 시간이 부족한 것처럼 생각하게 된다. 따라서 만약 우리가 사악한 영의 의도에 적절히 대항하지 않고 방치한다면 분명 우리는 모든 노력을 포기하고 우리 자신을 영적 나태, 영적 게으름, 영적 무기력에 내주고 말 것이다. 사탄의 사악한 목적은 오직 하나, 우리를 모든 영적 활동에서 멀어지게 만든 다음 그의 의도대로 쉽게 죄로 끌어들이는 것이다. 사탄은 우리가 영적 활동을 하지 못하도록 어려움과 나태로 가로막으면서도 죄를 짓게 하는 데에는 유혹의 달콤함으로 우리를 밀어 넣는다. 이렇게 나태한 마음은 결국 우리의 영혼을 정욕과 악이 가득 찬 황무지와 같은 상태로 내몬다.

  혹자는 "뭔가를 하지 않는다고 나쁜 짓을 한 것은 아니지 않습니까?" 하고 물을지도 모르겠다. 하지만 해야만 하는 것을 하지 않는 것은 분명 해악이다. 야고보 사도는 이렇게 말했다. "사람이 제가 마땅히 해야 할 착한 일을 알면서도 하지 않으면 그것이 곧 죄가 됩니다."(야고보 4:17) 요한 크리소스톰 성인도 나태는 어떤 다른 악을 범하거나 범하지 않거나 하는 것과는 전혀 상관없이 그 자체로 아주 큰 악이라고 말했다.

"나태한 사람이 악을 행하지 않았다 해도 나태한 상태에 있다는 그 사실 하나만으로도 해악이다. 왜냐하면 나태는 악의 한 부분이기 때문이다. 아니, 악의 뿌리이며 스승이기 때문이다. 선을 행하지 않는 것은 악을 행하는 것과 다르지 않다."[17] 대 바실리오스 성인도 "나태는 악의 시작"[18]이라고 하였다.

이처럼 나태는 매우 위험한 것이다. 우리로부터 많은 것을 앗아갈 뿐 아니라 우리에게 많은 해악을 불러온다. 그렇다면 나태는 어떤 해악을 가져다줄까? 그것은 바로 정욕과 죄악이다. 영혼은 악기와 다르다. 악기는 연주를 멈추면 그대로 조용히 있지만 영혼은 가만히 놔두면 가라지가 가득 찬 황무지가 된다.(마태오 13:25 이하 참조) 따라서 나태한 사람의 영혼은 온갖 더러운 생각과 각종 해악으로 가득 찬다. 나태하게 사는 사람만큼 죄를 유발하는 생각과 죄의 욕망에 사로 잡혀있는 사람이 없음을 우리는 이미 잘 알고 있다.

나태는 하느님께서 인간에게 선물하신 모든 영적 은총을 파괴하고 없앤다. 이 말을 좀 더 쉽게 이해하기 위해 환자의 경우를 예로 들어보자. 오랜 기간 움직이지 못하고 병상에만 누워있던 환자는 근육이 아주 약해진다. 그래서 그는 몸이 어느 정도 좋아져도 처음에는 힘들게 자리에서 일어나거나 아주 조금밖에 걷지를 못한다. 이 점에 대해 요한 크리소스톰 성인은 이렇게 해석했다.

"무위無爲보다 더 큰 악, 나태보다 더 큰 악은 없다. 그래서 하느님께서는 우리에게 노동의 필요성을 제공하셨다. 왜냐하면 나태는

---

17) 성 요한 크리소스톰, Ὁμιλία 16, PG 62, 112.
18)) 성 대 바실리오스, Εἰς τὴν Ἑξαήμερον, Ὁμιλία 7, 5.

모든 것을 해치며 육체에게도 해를 가하기 때문이다. 눈, 입, 배 그리고 우리 몸의 각 지체가 제 역할을 하지 못한다면 몸은 훨씬 더 심각한 병으로 발전할 것이다."[19]

　영혼에게도 이와 유사한 현상이 벌어진다. 영혼의 능력, 재능을 활용하지 않으면 약해지고 사라진다. 반대로 활용하면 할수록 그만큼 더 커지고 강해진다. 우리의 양심이 아주 좋은 예가 될 것이다. 만약 우리가 양심을 계속 경시한다면 양심은 점차 약해지고 침묵하며 사라질 것이고 인간은 더 이상 양심을 의식하지 못하는 상태가 될 것이다. 누구든지 오랜 세월 기도를 등한시 해왔다면 막상 기도하고 싶을 때 그는 약간의 기도도 무척 힘들어 할 것이다. 금식도 똑같다. 오랫동안 행하지 않았다면 단 하루의 금식도 힘들어 하게 될 것이다.

　2. 사탄이 우리에게 야기하는 육적 나태도 결과적으로 영적 파괴를 가져온다. 나태한 사람은 쉽게 사탄의 도구와 노리개가 된다. 사탄은 나태하게 지내는 사람을 보면 악한 행위를 하도록 그를 부추긴다. 현자는 잠언에서 이렇게 말하고 있다. "게으른 사람은 아무리 바랄지라도 얻을 게 없다."(잠언 13:4) 대 바실리오스 성인도 이렇게 말했다. "나태함에 대한 각종 핑계는 죄에 대한 핑계이다."[20] 속담도 이와 같은 정신을 담고 있다. "나태한 사람의 정신은 사탄

---

19) 성 요한 크리소스톰, Εἰς τὰς Πράξεις, Ὁμιλία 35, PG 60, 258.
20) 성 대 바실리오스, Ὅροι κατ' ἐπιτομήν, 69, PG 31, 1132.
21) 그리스 속담.

의 작업장이 된다."[21] 요컨대 인간이 자기 자신과 그의 가족에게 결실을 가져다 줄 창조적인 노동 능력을 이용하지 않는다면 사탄은 그 기회를 활용해 그를 악으로 유인할 방법을 찾게 될 것이다.

일부 사람들은 육체적 나태가 죄가 아니라고 생각하지만 이것은 아주 잘못된 생각이다. 나태는 진정 죄이다. 왜냐하면 하느님의 계명과 배치되기 때문이다. 하느님께서는 낙원에 사는 첫 창조물에게 이렇게 명령하셨다. "에덴에 있는 이 동산을 돌보아라."(창세기 2:15) 그때부터 노동은 아주 큰 축복이 되었다. 가치 있는 노동은 인간의 삶과 직결되었고 하느님께서 창조하실 때 다양한 재능을 선물 받은 인간은 그 재능을 활용하여 자기 자신과 사회에 공헌할 수 있게 되었다. 반대로 일벌의 집에 살고 있는 수벌처럼 일하지 않고 남에게 짐이 되는 삶을 살아가는 사람은 익히 잘 알고 있는 "달란트의 비유"에서처럼 악하고 게으른 종이 되어 벌을 받게 될 것이다. 게으른 종은 다른 동료 종과 달리 주어진 달란트를 활용하여 불리지 않고 그 달란트를 땅에 묻어 감추었다. 주인은 그가 범한 잘못에 대해 이렇게 벌을 내렸다. "여봐라, 저자에게서 한 달란트마저 빼앗아 열 달란트 가진 사람에게 주어라. 이 쓸모없는 종을 바깥 어두운 곳에 내쫓아라. 거기에서 가슴을 치며 통곡할 것이다."(마태오 25:28, 30)

더 나아가 일하는 것을 싫어하는 사람은 자기 자신도 파괴시킨다. 점차 육체적, 지적 능력이 쇠퇴해지는 것이다. 요한 크리소스톰 성인은 특징적으로 다음과 같이 설명했다. "나태에 의해 파괴되지 않는 것은 그 어떤 것도 존재하지 않는다. 물의 경우를 보라. 고여 있으면 썩는다. 하지만 흐르는 물은 어디를 가든지 그 본성을 잃지 않고 유지한다. 쇠의 경우도 마찬가지다. 사용하지 않는 쇠는 더 약해지고 물러진다. 많은 녹이 쇠를 갉아먹기 때문이다. 하지만 사용하는 쇠는 더 유용해지고 보기도 좋으며 은 못지않게 반짝반짝 빛난다. 개간되지 않은 황무지 같은 땅을 보라. 좋은 것은 하나도 싹트지 않고 온갖 야생 잡초와 가시덤불 그리고 열매를 맺지 못하는 나무들로 무성하다. 하지만 잘 개간된 땅은 잘 자란 열매로 가득 찬다. 나태는 대개 모든 것을 피폐하게 만들지만 적절한 노동은 모든 것을 유용하게 만든다."[22]

나태가 가져오는 또 다른 파괴적인 요소는 기쁨의 결핍이다. 인간은 어떤 일에 종사하든 [신체적, 정신적, 학술적] 창조의 기쁨을 누린다. 노동은 인간에게 삶의 의미를 부여하고 삶의 원기를 새롭게 북돋아준다. 반면에 나태한 사람은 항상 불평불만에 휩싸여 언제 어디서나 그 어떤 것에도 결코 기뻐하거나 감사할 줄 모른다.

하느님의 성인들은 이 모든 것을 잘 알고 있었기에 모든 방법을 써서 나태에 빠지지 않도록 주의를 기울였다. 우리는 광야에서 수행하며 살았던 수도사들이 육체적 노동에 얼마나 큰 의미를 두었는지 깊이 새겨볼 필요가 있다. 사람들은 흔히 수도사들이 영적 수련에만 집중하고 육체적 노동에는 별 관심을 두지 않는다고 생각할 것이다. 하지만 그들은 나태가 야기하는 위험을 누구보다 잘 알고 있었기에 매일 노동하는 일을 게을리 하지 않았다. 그들 수행의 기본 철칙은 바로 "일하기 싫어하는 사람은 먹지도 마라."(데

---

[22] 성 요한 크리소스톰, *Εἰς τὸ "Ἀσπάσασθε Πρισκίλλαν καὶ Ἀκύλλαν"*, Ὁμιλία 1, PG 51, 196.

살로니카Ⅱ 3:10)였다. 그랬기 때문에 그들은 자신들이 일한 수고의 결실로만 양식을 삼았고 다른 이의 수고로 양식을 삼지 않았다. 더 나아가 그들은 가치 있는 노동을 통해 이웃을 도와주고 배고픈 이들에게 양식을 제공하며 헐벗은 자들을 입히고 포로들에게 자유를 얻게 해주었다.

그러므로 우리는 "기회 있을 때마다 모든 사람에게 선을 행합시다."(갈라디아 6:10)라는 사도 바울로의 충고를 귀담아 듣도록 하자. 우리 생명의 시간은 우리의 영역이 아니며 우리의 권한 밖에 있다. 언제 우리에게 죽음이 닥칠지 아무도 모르듯이 내일 우리에게 어떤 일이 벌어질지는 그 누구도 알지 못한다. 따라서 지금 우리가 누리고 있는 이 시간은 무척이나 소중하다. 왜냐하면 우리가 덕을 가꾸고 그리스도인다운 모습을 갖출 수 있는 기회를 제공하기 때문이다. 다시 말해 시간은 우리가 삶과 영혼을 선행과 이웃에 대한 사랑의 실천으로 꾸밀 수 있도록 해준다. 그럼에도 불구하고 누군가 그런 선을 행할 수 있는 기회를 뒤로 미룬다고 하자. 과연 그러한 기회가 다시 찾아 올 것이라고 누가 장담할 수 있겠는가? 기회는 지나가고 사라진다. 대 바실리오스 성인은 우리에게 이렇게 충고했다.

"주어진 현재를 나태로 흘려보내지 말고, 존재하지도 않고 앞으로도 존재하지 않을 것의 쾌락도 언제나 그대 손안에 있다고 생각하지 말라."[23]

---

23)) 성 대 바실리오스, *Εἰς τὸ "πρόσεχε σεαυτῷ"*, PG 31, 208.

그러니 우리는 매일 매일 영육의 노동으로 나태의 정욕을 불사르자. 그리고 "내 아버지께서 언제나 일하고 계시니 나도 일하는 것이다."(요한 5:17)라고 하신 주님의 말씀처럼 세상 구원을 위해 항상 일하고 계시는 하느님을 본받도록 하자.

"내 생명의 주님이시며 주관자시여," 에프렘 성인과 함께 내가 당신께 간절히 청하오니 "나태한 마음을 나에게 주지 마소서."
 내 생명의 주님이시며 주관자시여, 내 삶의 나날이 무위의 삶이 되지 않도록 하소서.
 내 생명의 주님이시며 주관자시여, 나에게 맡겨진 달란트를 내가 땅에 묻도록 놔두지 마시고 나의 영혼과 이웃의 유익을 위해 불릴 수 있도록 도와주소서.
 내 생명의 주님이시며 주관자시여, 나를 환히 밝히시어 내가 하는 모든 일이 나의 과시나 만족이 되지 않게 하시고 지극히 거룩하신 당신의 영광을 드높이게 하소서. 아멘.

내 생명의 주님이시며 주관자시여,
절망하는 마음을 나에게 주지 마소서

절망에 대하여

　죄를 지었다고 절망하지 말라. 그리고 매일 죄를 짓는다면 매일 회개하라. 회개는 죄를 씻는 약이며 하느님께 다가가는 용기의 표현이다. 회개는 사탄에 대항하는 무기이고 그의 목을 절단하는 칼이며 구원의 희망이고 절망의 제거이다. 회개는 우리에게 하늘을 열어주고 우리를 낙원으로 들어가게 해준다. 그대가 죄인인가? 절망하지 말라. 물론 그것에 대해 깊은 상념에 잠길 수 있을 것이다. 나는 교회에서 그렇게 많은 것을 들었으면서도 그것을 지키지 않았다. 그러고도 내가 어떻게 다시 교회에 가서 또 다시 그것을 들을 수 있겠는가? 하지만 듣고도 지키지 않았기에 또 다시 가야만 하는 것이다. 그러니 그대는 가서 다시 듣고 지키도록 하라. 의사가 그대의 상처에 약을 발랐는데 낫지 않았다면 어떻게 하겠는가? 다음날 또 다시 약을 바르지 않겠는가? 그러니 교회에 다시 나가는 것을 창피하게 생각지 말고 죄를 짓는 것을 창피하게 여겨라. 죄는 상처이고 회개는 약이다. 만약 지금까지 그대가 죄에 물들어 지내고 있었다면 회개로 그대 자신을 새롭게 만들기 바란다. 혹자는 이렇게 물을지도 모른다. "회개를 하면 정말 구원이 가능한가요?" 그렇다. "지금까지 평생을 죄를 지으며 살아왔는데 정말 회개하면 구원을 얻을 수 있단 말인가요?" 그렇다. "어떻게 그것을 알 수 있지요?" 주님의 끝이 없는 자애 덕분이다. 인간은 그 어떤 말로도 하느님 아버지의 선하심을 설명하지 못한다. 조그만 불씨가 바다 안으로 떨어졌다고 생각해보라. 그 불씨가 바다 속에서 살아서 눈에 보이겠는가? 바다와 불씨의 관계처럼 그대의 죄와 하느님의 자애가 그런 관계이다. 아니 그보다 훨씬 더하다. 왜냐하면 바다는 엄청나게 크지만 그 끝이 있고 경계가 있는 반면 하느님의 자애는 무한하기 때문이다. 그러니 내가 다시 그대에게 말한다. 그대는 죄인인가? 절망하지 말라.

성 요한 크리소스톰, *Περὶ Μετανοίας*, 8, PG 49, 337-338.

3. 내 생명의 주님이시며 주관자시여, 절망하는 마음을 나에게 주지 마소서

에프렘 성인의 기도에서 언급하는 두 번째 간청의 핵심적 주제는 절망에 관한 문제이다. 즉, 사탄이 우리를 고통스러운 정신적 상태에 빠트려 주변의 모든 것을 부정적으로 보게 만드는 그 생각에서 벗어나게 해달라고 하느님께 간청 드리는 것이다.

절망은 병이다. 그 병은 영혼뿐만 아니라 육체도 죽일 수 있는 아주 위험한 것이다. 사도 바울로는 "세속적인 상심은 죽음을 가져올 뿐이다."(고린토Ⅱ 7:10)라고 말했다. 그래서 정교회의 성인들은 그들의 삶에 절망이 드리우는 순간 모든 노력을 다해 그러한 생각을 멀리 내쫓으려 하였다.

주님께서 우리 구원을 위해 관심을 쓰시듯이 살인자 사탄 역시 인간의 영혼을 절망에 빠트리려고 온갖 계략을 꾸민다.(요한 8:44 참조) 사탄은 절망, 좌절, 낙담, 낙심, 체념의 상태가 우리 영혼을 지배하도록 만든다. 이러한 상태에 있는 사람들은 삶에 대한 모든 의욕을 상실한다. 영적 투쟁에 대한 의욕도 없다. 내면과 주변의 모든 것들을 부정적으로 보고 언제나 어둠에 휩싸여 있다. 이것은 하느님에 대한 희망과 믿음이 우리 안에서 죽어가고 있는 방증이다.

그렇다면 어떻게 이런 병적 상태에 빠지게 될까? 절망을 야기하는 다섯 가지 기본 원인을 살펴보자.

1. 일시적으로 하느님의 은총이 사라질 때 바로 절망이 찾아온다. 하느님께서는 가끔 당신의 은총을 사람들에게서 거두시는데 그것은 교육적 차원에서 그들이 교만해지는 것을 방지하시기 위한 것이다. 사람들은 하느님의 은총이 그들의 영혼에 함께할 때 누릴 수 있는 영적 기쁨과 행복을 마치 자신의 성과물인 양 믿는 위험한 오류에 빠지곤 한다. 그러면 그때 은총은 그들에게서 멀리 사라지게 되고 그들은 홀로 남게 된다.

그 순간 사람들의 영혼은 태양이 쨍쨍 비추던 대낮에 갑자기 한밤의 어둠이 덮치는 것과 같은, 혹은 따뜻한 여름에 갑자기 눈이 내리는 것과 같은 상태에 빠진다. 그리고 절망, 영적 어둠, 오싹함을 느끼며 죽음의 공포와 두려움에 사로잡히게 된다. 다윗도 언젠가 그런 감정에 휩싸였던 것으로 보인다. "나의 하느님, 나의 하느님, 어찌하여 나를 버리십니까?"(시편 22:1)

2. 절망은 사탄의 작용으로 찾아오기도 한다. 인간이 구원을 위해 투쟁할 때 사탄은 그가 영적 투쟁을 멈추고 천상으로 가는 것을 포기하게 하려고 그에게 절망감을 심어준다.

우리가 범하는 하나의 실수나 죄가 사탄이 꾸미는 사악하고 파괴적인 계략의 성공의 단초가 되기도 한다. 사탄은 우리가 어떤 잘못이나 죄를 범하면 음흉스럽게 우리를 찾아와 모든 것을 절망스럽게 비춰준다. 죄를 짓기 이전에는 모든 것이 쉽고 단순하게 보였는데 죄를 지은 이후에는 모든 것이 복잡하고 어렵게만 보인다.

타락 이전에 악마들은 하느님을 자애로운 분이라고 부른다. 하지만 타락 이후에 그들은 하느님을 엄격한 분이라고 부른다.[24]

사탄은 우리 귀에 더 이상 구원은 없다고 속삭인다. 회개해 보았자 변할 것은 아무 것도 없다고 말한다. 사탄이 유다를 어떻게 파멸로 이끌었는지 기억해보라. 예수님을 배반한 이후 유다는 자기가 엄청난 잘못을 했다는 것을 깨달았다. 하지만 사탄은 그가 회개를 통해 구원받을 수 있도록 그냥 놔두지 않았다.

"그 때에 배반자 유다는 예수께서 유죄 판결을 받으신 것을 보고 자기가 저지른 일을 뉘우쳤다. 그래서 은전 서른 닢을 대사제들과 원로들에게 돌려주며 '내가 죄 없는 사람을 배반하여 그의 피를 흘리게 하였으니 나는 죄인입니다.' 하였다."(마태오 27:3-4)

하지만 유다는 그들이 "우리가 알 바 아니다. 그대가 알아서 처리하여라."라는 냉혹한 말을 듣고서 "은전을 성소에 내동댕이치고 물러가서 스스로 목매달아 죽었다."(마태오 27:4-5)

배반자 유다는 소심하고 영적 투쟁의 경험이 부족했던 사람이었다. 그랬기 때문에 사탄은 그를 절망에 빠트려 마침내 목을 매 자살을 하게 만든 것이다. 반대로 베드로는 겁을 먹고 그리스도를 부정했지만 영적 투쟁의 경험자로서 절망에 빠지지 않았다. 그는 자신의 잘못을 진심으로 뉘우침으로써 성령의 역사에 동참할 수

---

24) 시나이의 성 요한, *Περὶ μετανοίας, Κλῖμαξ*, 5:13.

있었고 사탄은 그가 뜨거운 회개의 눈물을 흘리는 것을 보고는 그만 연기가 되어 사라지고 말았다.

에프렘 성인은 절망의 유혹을 어떻게 대처해야 하는지 우리에게 이렇게 조언하고 있다.

"사악한 생각이 '넌 끝났어! 너에겐 더 이상 구원이 없어!'라고 우리에게 말할 때 이렇게 대답하자.

'자애로우시고 관용을 베푸시는 하느님을 믿고 있기에 우리는 구원을 포기하지 않는다. 형제를 "일곱 번뿐 아니라 일곱 번씩 일흔 번이라도 용서하라."(마태오 18:22)고 말씀하신 주님께서 인내와 끈기를 가지고 구원을 기다리는 이들의 죄를 그보다 훨씬 더 많이 용서해 주실 것이기 때문이다.[25]

3. 인생에서 실패를 경험하면 많은 경우 실의에 빠진다. 절망감으로 인해 재도전이나 심기일전할 용기를 내지 못하고 빛도 출구도 없는 것처럼 생각한다. 그리고 자기 앞에 놓여 있는 모든 것이 넘을 수 없는 산처럼 여겨진다.

4. 개인 또는 가족이 어려움에 봉착했을 때에도 같은 경우를 겪게 된다. 절망의 먹구름이 밀려와 우리 영혼을 뒤덮는다. 사탄은 여러 가지 절망적인 생각을 우리에게 불어넣어 우리가 그런 시련을 이겨낼 수 없도록 만든다. 우리가 어떠한 노력을 해도 이미 게임은 끝났고 더 이상 바꿀 수 있는 것은 아무것도 없다고 우리를 설득한다.

5. 마찬가지로 지인 또는 가족이 중한 병에 걸리거나 사망했을

---

[25] 시리아의 성 에프렘, Ἔργα 2, 354.

때 우리는 상실감에 빠진다. 사탄은 우리에게 더 이상 희망은 없다고 속삭이며 우리의 생각을 끊임없이 절망과 죽음으로 몰아넣는다.

 그리고 거짓말쟁이의 아비인 사탄의(요한 8:44 참조) 계략대로 마침내 그 어떤 사람도, 아니 하느님조차도 우리를 도와줄 수 없을 것이라는 생각에 이르게 되면 우리는 우리 자신 속에 갇히게 된다. 그 이후 밤낮으로 절망스런 생각을 하며 고통스럽고 지옥 같은 삶을 보낸다. 기쁨, 희망, 믿음, 기대는 이미 우리 안에서 사라져 버리고 무기력한 상태에 빠져 너무 쉽게 자기 자신을 파멸로 이끌며 결과적으로 자살이라는 극단적인 선택을 하기도 한다. 자살이라는 현상이 이렇게 생기는 것이다. 자신이 처한 상황을 도저히 바꿀 수 없다고 생각하고 하느님께 도움과 자비를 구하거나 이웃에게 도움을 청하지 않는 사람은 결국 삶을 강제로 마감하는 것이 유일한 "해결책"이라 생각한다. 그렇게 되면 소기의 목적을 달성한 사탄은 기쁨에 넘친다. 왜냐하면 영혼 구원을 위해 그리스도께서 지극히 거룩하신 피를 흘리셨음에도 그 영혼을 파멸로 이끄는 데 성공했기 때문이다.

 절망의 늪에 빠져있는 사람은 이렇게 무서운 위험에 노출되어 있다. 그렇다면 우리는 이런 무서운 절망의 사슬에서 어떻게 벗어날 수 있을까?
 먼저 기도하면서 하느님께 귀의해야 한다. 그리스도께서 그렇게 하셨듯이 우리도 하늘을 우러러보며 이 시련의 십자가를 짊어질 수 있는 힘과 인내를 달라고 하느님께 간구해야 한다.

더 나아가 기적을 믿어야 한다. "사람의 힘으로는 할 수 없는 일이지만 하느님께서는 하실 수 있다."(루가 18:27)는 그 말씀을 굳건히 믿어야 한다. 기도는 영혼이 하느님의 은총과 위로부터의 도움을 받을 수 있도록 해준다. 그리고 위로자 성령이 계시는 곳은 언제나 그 어떤 슬픔이라도 기쁨으로 바뀐다.

　둘째, 교회에 귀의해야한다. 예배생활은 우리를 강력한 영적 무기로 무장시켜준다. 교회의 성사들, 특히 고백성사와 감사의 성사(성찬예배)를 통해 신도들에게 전해지는 하느님의 은총은 사탄이 우리를 부정과 절망의 어둠에 빠트리지 못하도록 보호해준다.

　셋째, 하느님의 말씀과 영성서적을 탐독해야한다. 주님께서는 "무거운 짐을 지고 허덕이는 사람"(마태오 11:28) 모두에게 안식과 기쁨을 주시겠다고 약속하셨다. 그리고 하늘로 승천하실 때 그것을 당신의 교회에 온전히 주시고 하늘로 오르셨다. 교회가 지금껏 지켜 내려온 하느님의 영감의 책인 성경은 평화, 안식, 위로의 영적 가르침을 담고 있다. 사탄이 우리를 절망의 늪으로 밀어 넣으려 할 때, 그 유혹의 마수를 뻗을 때 우리가 읽게 되는 그 영적 구절이 우리를 그 늪에서 헤어 나올 수 있게 해 줄 것이다.

　사도 바울로는 우리가 어떤 시련에 봉착하더라도 하느님에 대한 믿음과 희망을 잃지 않으면 슬픔이 "자랑"이 된다는 것을 가르치며 절망을 겪는 이들에게 용기와 위로를 주었다.

　"고통은 인내를 낳고 인내는 시련을 이겨내는 끈기를 낳고 그러한 끈기는 희망을 낳는다는 것을 우리는 알고 있습니다. 이 희망은 우리를 실망시키지 않습니다. 우리가 받은 성령께서 우리의 마

음속에 하느님의 사랑을 부어주셨기 때문입니다."(로마 5:3-5)

우리에게 커다란 힘이 되어주는 사도 바울로의 또 다른 가르침을 살펴보자.

"여러분이 겪은 시련은 모두 인간이 능히 감당해낼 수 있는 시련들이었습니다. 하느님은 신의가 있는 분이십니다. 하느님께서는 여러분에게 힘에 겨운 시련은 주지 않으십니다. 시련을 주시더라도 그것을 극복하고 벗어날 수 있는 길을 마련해 주실 것입니다."(고린토Ⅰ 10:13)

이번에는 교부의 지혜로운 가르침을 들어보자.

"사탄이 우리를 절망의 늪에 빠트리는 이유는 안전한 닻, 우리 삶의 지주, 천상으로 이끌어 주는 인도자, 잃어버린 영혼들의 구원인 하느님에 대한 우리의 희망을 우리에게서 끊어 버리기 위해서이다."[26]

넷째, 절망의 유혹으로 힘든 시간을 보낼 때 영적 아버지께 의지하자. 영적 아버지를 찾아가 우리의 문제를 이야기하고 조언을 구하고 기도를 부탁하자.

이 외에도 그리스도 안에 있는 형제, 동료, 친구에게 도움을 구하자. 신뢰하고 믿을 만한 사람에게 마음의 문을 열고 자신의 문제에 대해 대화를 나누자. 유익한 대화는 절망이라는 어둠속에 갇혀있는 영혼이 어둠의 터널에서 빠져 나올 수 있도록 도와준다. 혼자 힘으로 이 힘든 상황을 극복하려고 노력하거나 자기 자신에

---

[26] 성 요한 크리소스톰, *Εἰς Θεόδωρον ἐκπεσόντα* 1:2, PG 47, 279.

갇혀있지 말자. 그것은 위험을 가중시킬 뿐이다. 또한 도움을 요청받은 형제는 그 사람이 절망의 상태에서 벗어날 수 있도록 함께 토론하면서 서로의 의견과 감정을 나누고 그리스도의 따스함과 능력을 전해주어야 한다.

다섯째, 위로가 되는 주제를 생각하자. 이 방법은 좌절에 빠졌을 때 매우 큰 도움이 된다. 한 예로 변절자 율리아노스 황제는 대 아타나시오스의 설교로 많은 이방인들이 그리스도 교인이 되자 그를 멀리 추방해버렸다. 그때 성인은 자신을 영적 아버지로 믿고 따르던 이들이 눈물을 흘리며 깊은 상심에 빠지는 것을 보고 이렇게 그들을 위로했다.

"용기를 내십시오. 구름이니 빨리 지나갈 것입니다."[27]

위의 예와 같이 우리는 우리 자신을 어느 정도 강제해서라도 긍정적이고 위로가 되는 것에 대해 생각해야만 한다. 그렇게 하지 않으면 좌절이나, 절망, 상심에 빠져 무기력한 상태에 머물거나 우울한 생각에 집착하게 될 것이다. 즉 이런 상태에서 자유롭기 위해서는 비록 강제성을 띠더라도 정반대의 생각을 하도록 노력해야 한다. 또한 억지로라도 어떠한 육체적 노동을 해야 한다. 왜냐하면 절망의 포로가 된 사람들은 일할 마음이 생기지 않기 때문이다. 요컨대 육체적 노동을 수반하는 긍정적 생각들은 영육을 훼손하는 절망의 상태에서 벗어날 수 있도록 도움을 준다.

---

27) 소조메노스, Ἐκκλησιαστικὴ Ἱστορία, 5:15, PG 67, 1256.

형제여, 그리스도의 부활은 사탄의 파괴적인 절망이나 좌절이 아닌 영육의 희망을 우리에게 선물로 가져다주었다. 그래서 부활절은 정교회의 가장 큰 축일이며 정교회를 "부활의 교회"라고 부르는 것이다. 만약 그대가 교회 안에서 살아간다면 그 어떤 잘못을 했든지 그 어떤 시련을 겪든지 그대에게 절망은 없을 것이다. 인간적인 번민은 있을지 몰라도 절망은 결코 존재하지 않을 것이다. 하느님께서 그대를 도와 절망의 극한상황까지 이끄는 그 모든 것을 극복할 수 있도록 해 주실 것이기 때문이다.

"내 생명의 주님이시며 주관자시여," 에프렘 성인과 함께 내가 당신께 간절히 청하오니 "절망하는 마음을 나에게 주지 마소서."

내 생명의 주님이시며 주관자시여, 나에게 빛을 밝히시어 때때로 좌절감에 빠지는 나의 영혼의 상태가 타락 이후의 본성임을 깨닫게 하소서. 나 자신을 통제할 수 있도록 힘을 주시어 승리자로서 영적 투쟁의 십자가를 들어 올리게 하소서.

내 생명의 주님이시며 주관자시여, 죄가 내 안에서 야기하는 생산적이지 못한 슬픔과 절망을 나의 정욕을 치유하기 위한 회개의 육체적 슬픔으로 변화시킬 수 있도록 도와주소서. 그래서 내가 "성령을 통해서 누리는 정의와 평화와 기쁨"(로마 14:17)에 이를 수 있도록 하소서. 아멘.

내 생명의 주님이시며 주관자시여,
지배하려는 마음을 나에게 주지 마소서

지배하려는 마음에 대하여

지배하려는 마음만큼 교회를 쉽게 분열시킬 수 있는 것은 없다. 그리고 교회가 분열되는 것만큼 하느님을 자극하는 것이 없다. 우리가 아무리 선한 일을 많이 한다고 해도 교회의 몸을 분열시킨다면 우리의 죄는 그리스도의 몸을 훼손한 로마 군인들보다 결코 가볍지 않을 것이다.

이것은 단지 지도층에게만 해당되는 말은 아니다. 그들을 따르는 이들에게도 해당된다. 어떤 성인같은 사람이 있었다. 좀 과하게 들리긴 하지만 그는 이렇게 말했다. "순교자의 피조차 교회 분열의 죄를 씻을 수는 없다." 그대가 순교하는 이유를 말해보라. 그리스도의 영광을 위함이지 않은가? 그리스도를 위해 목숨까지 바치는 그대가 어떻게 교회를 위해 가장 먼저 희생하신 그리스도의 교회를 분열로 파괴시킬 수가 있단 말인가? 사도 바울로는 "나는 씨를 심었고 아폴로는 물을 주었습니다. 그러나 그것을 자라게 하신 분은 하느님이십니다."(고린토 I 3:6)라고 말했다. 교회 분열의 병은 지배하려는 마음으로부터 온다. 분열되어 있는 우리의 모습을 보면서 이교도들이 퍼붓는 비아냥과 조소를 어찌 감당하려는가? 만약 그들이 우리를 이단이라고 비난한다면 교회의 몸을 분열시키는 것에 대해 무엇이라고 변명하겠는가? 그리스도인들의 모든 것이 허영으로 가득 차있다고 말하는 이교도들이 보이지 않는가? 그리스도인들에게 권력욕과 사기가 난무한다는 말이 들리지 않는가? 백성들을 못쓰게 만드는 권력욕의 병을 분쇄하라.

성 요한 크리소스톰, *Πρὸς Ἐφεσίους*, 11, PG 62, 85.

4. 내 생명의 주님이시며 주관자시여, 지배하려는 마음을 나에게 주지 마소서

영적 삶을 해치는 또 하나의 큰 문제는 바로 지배하려는 마음이다. 이것은 다른 사람 위에 군림하여 자기의 생각, 결정, 의지, 욕구를 강제하고 지배하려는 경향을 말한다.

만약 우리의 삶의 방향이 하느님을 향하지 않는다면, 우리 구원에 목표를 두지 않는다면 그 삶은 반드시 이기적이고 자기중심적 삶으로 흐를 수밖에 없다. 이것은 우리 자신을 과대평가하고 다른 모든 사람들은 자신의 사리사욕을 채우거나 목적을 성취하기 위한 하나의 도구로 생각하는 것을 의미한다. 지배하려는 마음은 이처럼 우리와 이웃의 관계에 있어 근원적인 죄를 형성한다.

물론 지배하려는 마음이 언제나 다른 사람을 지배하거나 군림하는 것으로 표출되지는 않는다. 이웃에 대한 무관심, 무시나 경멸, 냉대의 형태로 표현되기도 한다. 하지만 이 모든 것은 결국 우리의 영혼을 파멸로 이끈다. 요한 크리소스톰 성인은 이와 관련해 이렇게 적었다.

"지배하려는 마음은 나쁜 것이다. 건강한 영혼을 파멸시킬 수 있는 나쁜 것이다."[28]

그리스의 한 속담도 이렇게 말했다.

"부를 미워하는 사람은 많았지만 명예를 싫어하는 사람은 아무도 없었다."[29]

그렇다면 이 "지배하려는 마음과 야망의 끔찍한 중독"[30]은 어디에서 오는 것일까? 끔찍하리만큼 이겨내기 힘든 이 권력을 향한 경도(傾倒)는 바로 내적인 공허에서 온다. 권력에 목말라 하는 자들은 정신적으로 병자이다. 그들은 내면 깊숙한 곳에 수많은 상처를 가지고 있으며 열등감 때문에 고통에 시달린다. 그리고 자신이 우월하다는 것을 다른 사람에게 보이기 위해 권력을 탐한다. 더 나아가 주변 사람들에게 자신을 여느 보통사람이 아닌 뭔가 중요하고 특별한 사람으로 바라봐 줄 것을 요구한다. 다시 말해 그들은 보잘것없고 특별하지 않음에도 다른 사람들이 자신을 큰 인물처럼 보기를 원하는 것이다. 그들은 사도 바울로가 신도들에게 한 충고와는 정 반대로 생각하고 행동한다.

"여러분은 자신을 과대평가하지 말고 분수에 맞는 생각을 하십시오."(로마 12:3)

인간이 권력을 탐하는 모습은 이미 어린 시절에서부터 드러난다. 어린 아이는 골목대장이 되려고 애쓰고 학교에서, 친구들 사

---

28) 성 요한 크리소스톰, *Εἰς τὸ κατὰ Ἰωάννην*, PG 59, 457.
29) 그리스 속담.
30) 성 대 바실리오스, *Εἰς τὸν Προφήτην Ἡσαΐαν*, 5장 PG 30, 178.

이에서 그리고 게임에서조차 경쟁자를 질투와 시기의 대상으로 바라본다. 그리고 자신이 경쟁자에게 패하면 참을 수 없는 고통을 느낀다. 이런 참담한 상황에 대한 책임은 부모와 어른들에게 있다. 알게 모르게 권력이 행복과 출세를 가져다주는 보증서라고 하는 생각을 아이들의 영혼에 심어주었기 때문이다.

지배하려는 마음의 문제는 새로운 것이 아니다. 그것은 오랜 역사를 가지고 있다. 그 시작은 에오스포로스(εωσφόρος 루시퍼, 사탄)의 탈선으로부터 출발한다. "빛을 전하는 자"라는 뜻을 가진 에오스포로스와 그의 천사들은 하느님으로부터 창조되었을 때 악한 존재가 아니었다. 에오스포로스의 천사단은 천상의 세력 중에서 아주 중요한 위치를 차지하던 대 천사단 중의 하나였다. 하지만 불행하게도 에오스포로스는 지배하려는 마음이 불어넣은 교만에 사로잡혀 그만 타락하고 말았다. 에오스포로스의 타락은 하느님과 동등해지려고 하는 데에서 기인되었다. 이사야 예언자는 이 문제에 대해 이렇게 언급했다.

"네가 속으로 이런 생각을 하지 아니하였더냐? '내가 하늘에 오르리라. 나의 보좌를 저 높은 하느님의 별들 위에 두고 신들의 회의장이 있는 저 북극 산에 자리 잡으리라. 나는 저 구름 꼭대기에 올라가 가장 높으신 분처럼 되리라.'"(이사야 14:13-14)

계속해서 지배하려는 마음은 첫 창조물인 인간을 오염시켰다. 첫 창조물이 하느님의 뜻을 거역한 원인은 다름 아닌 권력을 향한 탐욕이었다. 사탄은 "금기된 열매를 따 먹으면 하느님처럼 된다."는 감언이설로 하느님의 계명을 어기도록 이브를 설득했다. 그는 이브에게 이렇게 말했다.

"그 나무 열매를 따먹기만 하면 너희의 눈이 밝아져서 하느님처럼 선과 악을 알게 될 줄을 하느님이 아시고 그렇게 말하신 것이다."(창세기 3:5)

지배하려는 마음에 대한 또 다른 예를 우리는 마태오 복음에서 찾아볼 수 있다. 마태오 복음사는 제베대오의 어머니가 주님께 요청하는 권력에 대한 탐욕에 대해 직설적으로 이렇게 표현했다.

"그 때에 제베대오의 두 아들이 어머니와 함께 예수께 왔는데 그 어머니는 무엇인가를 청할 양으로 엎드려 절을 하였다. 예수께서 그 부인에게 '원하는 것이 무엇이냐?' 하고 물으시자 그 부인은 '주님의 나라가 서면 저의 이 두 아들을 하나는 주님의 오른편에, 하나는 왼편에 앉게 해주십시오.' 하고 부탁하였다. 그러자 예수께서는 그들에게 이렇게 답변하셨다. '너희는 무엇을 청하는지 모르고 있다.'"(마태오 20:20-22)

그들의 요청에 대한 주님의 이 답변은 우리에게 많은 것을 시사해준다. 그것은 진정 우리가 주의를 기울여야 할 것이 영적 파괴의 원인이 되는 물질이나 세상적인 것이 아니라 영적인 것이라는 점이다.

지배하려는 마음에 대한 탐욕의 결과는 헤아릴 수 없을 만큼 참혹하다. 교회 안에서의 분파나 분열의 주된 원인이 권력욕이나 수위권에 대한 탐욕이라는 사실 하나만으로도 그것은 충분히 증명된다. 요한 크리소스톰 성인은 "분파의 어머니는 권력욕이다"[31]라고 기록했다.

인간관계속에서의 분쟁이나 충돌 역시 지배하려는 마음에서 기인한다. 야고보 사도는 이렇게 말했다. "여러분은 무엇 때문에 서로 싸우고 분쟁을 일으킵니까? 여러분의 지체 안에 있는 갈등을 일으키는 욕정으로부터 나오는 것이 아닙니까?"(야고보 4:1) 권력에 눈먼 자들에 의한 전쟁으로 과거에 얼마나 많은 피를 흘렸는지, 오늘날에도 얼마나 많은 피를 흘리고 있는지, 그리고 남을 지배하려고 하는 그들의 탐욕이 자신들을 얼마나 무자비하고 무모하게 몰아가고 있는지 그들은 생각지 못한다. 그들은 자신들의 목적 달성을 위해서라면 옳고 그름을 따지지 않고 온갖 방법을 다 사용한다. 권력에 대한 병적인 갈증을 채우기 위해서라면 인간의 생명도 하찮게 여긴다. 또한 대 바실리오스 성인이 지적한 것처럼 자기들보다 더 나은 존재를 용납하지 못한다.

"지배하려는 마음과 수위권에 대한 탐욕은 많은 사람들을 부추겨 더 훌륭한 사람들을 미워하게 만들었다."[32]

정치적 적수들 사이에 얼마나 많은 싸움이 일어나는지, 직장 동료들 사이에 얼마나 많은 다툼이 일어나는지 보라. 그들은 권력이라는 욕망을 이겨내지 못하고 결국 법정에 서고 감옥에 들어가는 사태까지 야기한다. 직장동료를 말 그대로 동료로 보기보다 자신들의 출세를 위한 디딤돌로 여기고 회사의 높은 자리를 차지하기 위해 물불을 가리지 않으며 성공과 출세를 위해 자신의 철학과 삶

---

31) 성 요한 크리소스톰, *Ὑπόμνημα εἰς τὴν πρὸς Γαλάτας*, 5, PG 61, 670.
32) 성 대 바실리오스, *Εἰς τὸν 36 Ψαλμόν*, 7, PG 29, 385.

의 가치를 버릴 준비가 되어있다. 더 나아가 가장 친한 동료나 친구를 배신할 마음까지 먹는다. 얼마나 많은 부부들이 이혼을 하고 얼마나 많은 가족들이 해체되는지 보라. 그들은 상대방을 자기의 동반자로 여기거나 느끼기보다 자신이 군림하거나 지배하는 하위의 대상으로 바라본다. 혹은 상대방을 자신의 필요나 쾌락을 채워줄 물건이나, 도구, 기회로 여긴다. 하지만 인간의 참된 관계는 잘 알고 있듯이 이용이나 속임, 협상에 있지 않고 봉사와 헌신의 고결함에 있다. 그것을 깨닫지 못한 많은 사람들은 아직도 권력욕에 눈이 멀어 경박하고 외형적이며 품위를 손상하는 행위를 서슴지 않는다. 그들의 기대와 다르게 다른 사람들의 눈에 비치는 그들의 모습은 실로 비참하다. 그들은 모든 사람들에게 비난의 대상이 된다. 비록 그들이 아주 놀라운 능력을 가졌다 하더라도 사람들에게 사랑을 받지 못하는 이유는 그들이 자신들을 위해서 모든 주변의 것들을 이용하기 때문이다.

  결과적으로 지배하려는 마음은 우리가 하느님과 이웃을 진정으로 사랑할 수 없게 만든다. 타인의 존엄성을 짓밟게 한다. 겸손과 봉사의 정신을 망각하게 한다. 진정한 회개를 방해한다. 그리고 무엇보다도 비극적인 것은 그리스도를 우리 삶의 주인과 주관자로 받아들일 수 없게 만든다는 것이다. 왜냐하면 우리의 주인이자 주관자가 권력을 사랑하는 이기주의자, 바로 자기 자신이기 때문이다. 곧 세상의 중심이 자기 자신이 되는 것이다. 세상의 중심이 하느님과 하느님의 법이 아닌 우리가 될 때 우리는 우리의 필요, 우리의 생각, 우리의 욕망, 우리의 판단, 우리의 허영을 기준으로 모든 것을 판단하게 된다.

 물론 위에 언급한 내용이 그리스도인은 자신이 속한 사회에서 어떤 사회적 위치나 자리를 꿈꿔서는 안 된다는 것을 의미하는 것은 아니다. 특히 어떤 재능이나 능력을 가지고 있을 때는 더더욱 그렇다. 문제는 지위 그 자체가 아니라 그것을 얻기 위한 수단과 방법과 목적에 있다.

 올바른 그리스도인은 언제나 합법적이고 정당한 방법으로 사회적 지위를 추구한다. 권모술수를 써가며 그 목적을 달성하려 하지 않는다. 대 바실리오스 성인이 어떻게 신도들에게 충고하는지 보자.

 "그대가 정말 인간의 영광을 추구하고 다른 사람들 위에 군림하기를 원해 2인자가 되는 것을 받아들일 수 없다면(이것은 질투의 동기가 되기 때문) 그대는 그대의 허영을 바닷물의 흐름(밀물과 썰물)처럼 덕을 성취하는 쪽으로 전환하기 바랍니다. 그리고 정의로우며 지혜롭게, 현명하며 담대하게 행동하고 인내와 겸손을 미덕으로 생각하는 사람이 되기 바랍니다. 그러면 그대는 그대 자신을 구원할 수 있을 것이며 그대의 놀라운 덕에 대해 커다란 자긍심을 갖게 될 것입니다."[33)]

 정당한 방법으로 어떤 정신적, 사회적 지위를 얻게 된 올바른 그리스도인은 어디에서 근무하든 그리스도를 섬기는 봉사자처럼

---

33) 성 대 바실리오스, *Περὶ φθόνου*, PG 31, 384-5.

"주님을 섬기듯이 정성껏"(골로사이 3:23) 맡은 바를 다한다. 그는 자기 양심과 하느님, 그리고 사람들 앞에서 커다란 책임감을 느끼며 일한다. 마찬가지로 합법적이고 정당한 방법으로 최선을 다했지만 자기가 원했던 사회적 지위를 얻지 못한 그리스도인도 자신의 능력을 원망하거나 콤플렉스에 빠져 좌절의 삶을 살지 않는다. 자신의 실패가 삶의 의미를 퇴색시켰다고 생각하지도 않으며 우리가 잘 알고 있는 그런 절망적인 행동으로 자기 자신은 물론 주변사람들에게 엄청난 고통을 안겨주지도 않는다.

그리스도께서는 당신의 가르침과 예로써 지배하려는 마음과 같은 사탄의 정신이 우리를 지배하지 못하도록 본을 보여주셨다.
주님께서는 이미 앞에서 언급했던 제베대오의 어머니의 간청을 기회로 제자들에게 매우 중요한 가르침을 주셨다.
"너희도 알다시피 세상에서는 통치자들이 백성을 강제로 지배하고 높은 사람들이 백성을 권력으로 내리누른다. 그러나 너희는 그래서는 안 된다. 너희 사이에서 높은 사람이 되고자 하는 사람은 남을 섬기는 사람이 되어야 하고 으뜸이 되고자 하는 사람은 종이 되어야 한다."(마태오 20:25-27)
주님께서는 자발적인 수난을 겪기 얼마 전, 지극한 자애심에서 우러나오는 지고의 겸손으로 손수 허리에 수건을 두르신 채 제자들의 발을 씻겨주셨다. 그리고 악의 수렁에서 우리를 건지시며 우리 모두에게 이렇게 지시하셨다.
"내가 너희에게 한 일을 너희도 그대로 하라고 본을 보여준 것이다. 정말 잘 들어두어라. 종이 주인보다 더 나을 수 없고 파견된 사람이 파견한 사람보다 더 나을 수는 없다. 이제 너희는 이것을 알았으니 그대로 실천하면 복을 받을 것이다."(요한 13:15-17)

그렇다면 사탄이 지배하려는 마음을 우리에게 불어넣을 때 우리는 어떻게 대처해야 할 것인가?

첫 번째, "처음과 마지막"(요한계시록 1:17)이신 그리스도의 모습과 가르침을 기억해야 한다. 즉, 다른 이들을 섬기는 봉사자의 모습을 그리스도께서 우리에게 원하신다는 사실을 인식하고 있어야 한다. 그리고 그런 섬기는 마음 자세로 차별 없이 높은 사람과 낮은 사람을 대해야 한다. 또한 지배하려는 마음에는 봉사의 정신으로 강하게 맞서야 한다. 그러면 우리는 남이 우리를 섬기는 것을 바라는 대신 우리가 남을 섬기는 법을 배우게 될 것이다. 그리고 "섬김을 받으러 온 것이 아니라 섬기러 오신"(마태오 20:28) 주님을 본받게 될 것이다.

두 번째, 다른 사람들과의 관계 속에서 자신에게 권력에 대한 욕망이 있음이 확인하면 즉시 태도를 바꿔야 한다. 단적인 예로 어떤 대화에서 자신이 대화의 주도권을 잡으려고 하는 모습이 보인다면 침묵하는 것이 좋다. 의견이 서로 다를 때에는 내 의견을 상대방에게 강요하기보다는 양보하는 것이 좋다.

세 번째, 지배하려는 마음이 우리의 마음을 지배하려 할 때 우리는 인간의 "윗자리"와 "높은 자리"(마태오 23:6)보다 더 가치있고 지고한 또 다른 영광과 영예가 있음을 기억해야 한다. 그것은 바로 예수 그리스도와 "함께 다스리는 것"(디모테오Ⅱ 2:12)이다. 우리는 구세주께서 투쟁하는 그리스도인들에게 다음과 같이 약속하셨음을 결코 잊지 말아야 한다.

"승리하는 자는 마치 내가 승리한 후에 내 아버지와 함께 아버지의 옥좌에 앉은 것같이 나와 함께 내 옥좌에 앉게 하여주겠다."(요한계시록 3:21)

그리고 우리는 인간의 영광과 영예, 즉 헛되고 세속적인 권력욕으로 인해 천상의 영원한 왕국에서 배제될 수 있음을 두려워해야 한다.

에프렘 성인은 지배하려는 마음이 가정과 사회, 그리고 영적인 삶에 참혹한 파괴의 결과를 가져온다는 것을 누구보다 잘 알고 있었다. 그래서 성인은 그의 기도에서 에오스포로스(사탄)의 정신으로부터 자신을 건져내 주시도록 하느님께 이렇게 간구했다.

"내 생명의 주님이시며 주관자시여," 에프렘 성인과 함께 내가 당신께 간절히 청하오니 "지배하려는 마음을 나에게 주지 마소서."

내 생명의 주님이시며 주관자시여, 빛의 천사였던 에오스포로스를 눈멀게 하고 천상에서 영원히 추락하게 만든 이 욕망을 나에게 주지 마소서.

내 생명의 주님이시며 주관자시여, 우리의 선조 아담과 이브를 지배하여 그들이 낙원에서 쫓겨나게 한 이 욕망을 나에게 주지 마소서.

내 생명의 주님이시며 주관자시여, 온 시대의 이단들이 거룩한 당신의 교회를 증오하고 당신의 흠 없는 의복을 찢게 만든 이 욕망을 나에게 주지 마소서.

내 생명의 주님이시며 주관자시여,
헛된 말 하는 마음을 나에게 주지 마소서

헛된 말에 대하여

한 수도사가 그의 스승에게 심판날 심판자 앞에서 해명해야 할 "헛된 말"(마태오 12:36-37 참조)이 어떤 것이냐고 물었다. 스승은 이렇게 설명했다.

"모든 대화가 세상적인 것에만 그친다면 그것은 헛된 말이 될 것이다. 하지만 영혼 구원에 대해 이야기를 나눈다면 헛되지 않을 것이다. 그러나 그보다 더 좋은 것은 침묵이다. 왜냐하면 유익한 것에 대해 대화를 나누다가도 많은 경우 우리의 혀가 잘못된 길로 벗어나 헛된 말로 흐르기 때문이다."

팜보 스승은 성서를 아주 잘 알고 있었으면서도 제자들이 성서의 어떤 구절을 설명해달라고 하면 즉시 대답해 주지 않았다.

스승은 "먼저 생각할 시간을 주게." 하고는 몇 주를 보내곤 했는데 오랜 기도와 깊은 사색 후에 해준 해석은 참으로 지혜가 넘쳤다. 왜냐하면 성령의 은총이 그와 함께 했기 때문이다.

『교부 금언집』 Ἀποφθέγματα Γερόντων, 237.

"그대가 혀를 조심하면 하느님에게서 내면의 신실함을 은총으로 받게 될 것이다. 그러면 그대는 그 안에서 그대의 영혼을 제대로 직시하게 될 것이다. 곧, 그대는 마음의 빛을 받을 것이고 성령의 기쁨으로 넘칠 것이다. 반대로 그대의 혀가 그대 자신을 이기면 그대는 결코 마음의 어둠에서 벗어나지 못할 것이다. 그러니 그대가 순수한 마음을 가지고 있지 못하다면 적어도 깨끗한 입을 가지고 있기 바란다."

시리아의 이삭 교부, *Λόγοι Ἀσκητικοί*, 38, 아기온 오로스, 이비론 수도원, 2012, 565.

5. 내 생명의 주님이시며 주관자시여, 헛된 말 하는 마음을 나에게 주지 마소서

에프렘 성인의 기도에서 영적 성장을 가로막는 마지막 네 번째 장애물은 바로 헛된 말이다. 왜냐하면 "많은 말은 무지의 소산, 비난의 통로, 경박함의 인도자, 거짓말의 원인, 신심의 분산, 마음을 지키는 파수대의 절멸, 영적인 열정의 냉각, 기도의 어둠"이 되기 때문이다.[34]

잘 알고 있다시피 하느님께서는 모든 창조물들 중에 오직 인간에게만 언어를 사용하는 은총을 주셨다. 그리고 인간만이 가지고 있는 언어는 동물과 인간을 구별해 주는 가장 기본적인 요소이다. 언어는 인간 안에 새겨져 있는 하느님 형상의 "확증"이다. 왜냐하면 하느님 자신이 말씀으로 계시되었기 때문이다. (요한 1:1 참조)

하지만 인간에게 주어진 하느님의 놀라운 이 선물은 양날의 칼과 같다. 말은 어떻게 사용하느냐에 따라 강력한 긍정의 힘을 갖기도 하고 부정의 힘을 갖기도 한다. 발전의 도구가 될 수도 있고

---

34) 시나이의 성 요한, *Περὶ πολυλογίας καὶ σιωπῆς*, *Κλῖμαξ*, 11:2.

파멸의 도구가 될 수도 있다. 말이 본래 가지고 있는 숭고한 목적에서 멀어지면 그 말은 헛된 말로 퇴색된다. 곧 축복이 저주와 죄가 되는 것이다.

우리는 말로 "하느님 아버지를 찬양"(야고보 3:9)하기도 하고 말로 하느님 앞에서 죄를 짓기도 한다. 하느님의 말씀을 사람들에게 전파하기도 하지만 사람들이 하느님을 멀리하게 만들기도 한다. 진리와 정의를 지켜내기도 하고 사탄의 거짓말과 불의에 동조하기도 한다. 우리는 말로써 사랑을 표현하고 이웃의 마음을 따뜻하게 해 줄 수도 있지만 반대로 사랑을 잃게 만들고 형제들의 마음에 상처를 낼 수도 있다. 이웃의 삶을 낙원으로 만들 수도 있고 지옥으로 만들 수도 있다. "더 이상 참을 수가 없으니까 그만해. 더는 듣고 싶지 않아"라는 누군가의 외침은 우리의 헛된 말 때문에 생겨난다. 부주의한 말로 남녀사이에 얼마나 많은 문제들이 야기되고 있는지 생각해 보라. 만약 부부간에 말을 조심해서 한다면 이혼은 많이 줄어들 것이다.

세상 창조를 기점으로 지난 세기 동안 인간의 언어는 음성을 통한 구두 언어에서 문자언어로 그리고 오늘날 통신언어에 이르기까지 비약적인 발전을 이뤘다.

하지만 신문, 라디오, TV, 인터넷, 페이스 북, 휴대폰, SNS에 올라오는 글이나 말을 주의 깊게 들여다보면 상당수가 불필요하다는 것을 알게 된다. 이곳에는 무의미한 말, 쓸데없는 말, 어리석은 말, 경박한 말, 남을 비난하는 말, 어리석은 농담, 종종 오해를 불러일으킬 수 있는 장난 글, 그리고 정치, 점성占星, 유행, 신변잡기 등에 대한 끝없는 대화로 넘쳐난다. 예를 들면, 사람들은 하루에도 꽤 많은 시간을 핸드폰으로 전화를 하고 메시지를 주고받는 데 할애한다. 그 시간동안 그들은 무엇을 그렇게도 열심히 말하는 것일까? 대개는 잡담이다. "너의 마음속에 있는 것을 말하도록 너의 입을 교육하라"[35]는 가르침과는 전혀 다르게 지나치게 수다를 떨거나 마음에도 없는 단어를 내뱉기 일쑤다. 그들의 말에는 핵심이 없다. 그들은 사도 바울로의 가르침을 따르지 않는다.

"여러분은 언제나 친절하게 유익한 말을 하고, 묻는 사람에게는 누구에게나 적절한 대답을 할 줄 알아야 합니다."(골로사이 4:6) "남을 해치는 말은 입 밖에도 내지 마십시오. 오히려 기회 있는 대로 남에게 이로운 말을 하여 도움을 주고 듣는 사람에게 기쁨을 주도록 하십시오."(에페소 4:29)

불행히도 어디를 가든 통제할 수 없는 수다가 만연하고 있다. 하지만 "말이 많으면 죄를 피하기 어렵다."(잠언 10:19)는 말처럼 계속해서 말하다보면 알지 못하는 사이 허언이나 실언을 내뱉기 마련이다. 많은 말을 하다보면 분명 타인에 대해 말하게 되고 험담도 하게 된다. 무의식적으로 거짓을 말하게 되고 쓸데없는 말도 하게 된다. 그런데 많은 말은 또 다른 파괴적인 결과를 낳는다. 그것은 남에 대한 불필요한 수다로 시간을 보내는 동안 자신의 영혼

---

35) 피민 사부, Ἀποφθέγματα Γερόντων, 63.

을 돌볼 시간이 줄어든다는 점이다. 다른 사람에 대해서는 이것저것 따지면서 정작 자기 자신은 돌보지 않는 것이다. 위대한 영성의 신학자 시나이의 요한 성인은 이렇게 적었다.

"누구든지 자기의 결점을 알았던 사람은 자신의 혀에 재갈을 물렸다. 반면 말이 많은 사람은 여전히 자기 자신을 온전히 보지 못한 사람이다. 침묵의 친구는 하느님께 가까이 다가가서 그분과 은밀하게 대화를 나누며 그분으로부터 비추임을 받는다."[36]

그러면 헛된 말이 우리의 영적 삶에 얼마나 심각한 폐해를 가져다주는지 주의 깊게 살펴보자.

첫째, 우리는 우리의 말로 인해 단죄 받고 우리의 말로 인정받는다. 그리스도께서는 이 점을 우리에게 분명히 알려주셨다.

"잘 들어라. 심판 날이 오면 자기가 지껄인 터무니없는 말을 낱낱이 해명해야 될 것이다. 네가 한 말에 따라서 너는 옳은 사람으로 인정받게도 되고 죄인으로 판결 받게도 될 것이다."(마태오 12:36-37)

피민 사부는 이렇게 말했다. 만약 사람들이 위의 성서구절을 항상 기억하며 살아간다면 그들은 "수백 수천 번 침묵을 더 선호할 것이다."[37] 언젠가 우리는 우리가 했던 쓸데없는 말, 아니 그보다는 오히려 좋은 말을 하지 않은 이유를 해명해야 할 것이다. 요한 크리소스톰 성인은 이 점을 강조했다.

"우리는 행위뿐만 아니라 말에 대해서도 해명을 해야 할 것입니

---

[36] 시나이의 성 요한, *Περὶ πολυλογίας καὶ σιωπῆς*, *Κλῖμαξ*, 11:4.
[37] 피민 사부, *Ἀποφθέγματα Γερόντων*, 42.(240).

다. 왜냐하면 종에게 돈을 맡기면 이후 맡긴 돈에 대해 어떻게 했는지 종에게 일일이 물어보듯이 하느님께서도 우리에게 맡기신 언어를 우리가 어떻게 소비했는지 일일이 물으실 것이기 때문입니다."[38]

이 말은 인간의 언어가 갖는 가치가 엄청나기 때문에 그 이용에 대해 해명이 필요함을 의미한다.

혀가 짓는 잘못이 우리를 어떻게 파멸로 이끄는지 에프렘 성인의 아래 주석은 우리에게 많은 것을 생각하게 한다.

"모세는 비록 많은 기적들을 행했지만 그의 혀가 범한 약간의 죄 때문에 약속의 땅에 들어가지 못했습니다.[39] 광활하고 가공할 만한 바다(홍해)도 그의 앞길을 막지 못했지만 그가 잘못 뱉은 작은 말은 그가 넘지 못할 벽이 되고 말았습니다. 하느님[40]처럼 된 모세가 말 한마디 실수로 약속의 땅에 들어가지 못했다면 하물며 날카롭고 수다스러운 혀를 가진 우리가 어찌 하느님의 왕국에 들어갈 수 있겠습니까?"[41]

둘째, 우리가 하는 말에 따라 하느님과 사람들 앞에서 우리가 단죄되거나 인정받는다. 즉, 사람들은 우리의 말로써 우리를 판단

---

38) 성 요한 크리소스톰, *Εἰς τὴν παραβολὴν τῶν Μυρίων Ταλάντων*, PG 51, 23.
39) 민수기 20:10-12 참조, "모세는 아론과 함께 그 바위 앞에 회중을 불러 모아놓고 외쳤다. '반역자들아, 들어라. 이 바위에서 물이 터져 나오게 해주랴?' 그리고 나서 모세가 손을 들어 지팡이로 그 바위를 두 번 치니 물이 콸콸 터져 나왔다. 회중과 가축이 그 물을 마셨다. 그러나 주께서는 모세와 아론을 꾸중하셨다. '너희는 나를 믿지 못하여 이스라엘 백성 앞에서 내 영광을 드러내지 못하였다. 그러므로 너희는 내가 이 회중에게 줄 땅으로 그들을 인도하여 들이지 못하리라.'"
40) 출애굽기 7:1 참조. "보아라, 내가 너를 파라오 앞에 하느님처럼 세우리니, 너의 형 아론이 너의 대변자가 되리라."
41) 시리아의 성 에프렘, *Περὶ γλωσσαλγίας καὶ παθῶν*, Ἔργα, 2, 369.

한다. 말로써 사람들의 존경도 얻을 수 있지만 경멸도 당할 수 있다. 집회서에는 이와 관련해 이렇게 기록되어 있다.

"지혜로운 사람은 말로도 남의 호감을 사지만 너무 수다를 떠는 자는 남의 빈축을 산다."(집회서 20:13, 8)

때로는 사람들이 무료한 시간을 때우기 위해 우리의 쓸데없는 말을 들어줄 수도 있다. 설령 그렇다고 해도 그런 말이 우리의 품위와 위엄을 높여 주는 것은 아니다. 상대방은 겸손의 미덕으로 우리의 면전에서 직접 말을 하지 않은 것뿐이지 분명 속으로 우리를 비난하거나 비웃었을 것이다. 수다를 멈추지 않는 어리석은 아이를 보듯 우리를 바라보았을지도 모른다.

셋째, 헛된 말이 가져오는 또 다른 비극적 결과는 우리를 바라보는 다른 사람들의 외적인 시선이 아닌, 헛된 말을 하는 당사자가 내적으로 느끼는 감정이다. 쉴 새 없이 수다를 떠는 사람들의 내면은 깊은 공허함으로 가득하다. 의미없고 불필요하며 어리석은 말들이 결국 화자 자신의 내면을 더욱 빈곤하게 만들기 때문이다.

언젠가 젊은 수도사가 스승인 니스테로에게 물었다.

"스승님, 제가 혀를 통제할 수가 없는데 어떻게 해야 하는지요?"

그러자 니스테로 사부가 그에게 물었다.

"말을 많이 할 때 어떤 느낌이 드느냐? 편안하더냐?"

"아닙니다. 결코 그렇지 않습니다."

그러자 지혜로운 스승이 이렇게 충고했다.

"그렇다면 무슨 이유로 말을 많이 하는 것이냐? 침묵하는 법을 배우거라. 그리고 유익한 것에 대해 대화할 기회가 주어지면 말을 하기보다 상대방의 말을 경청하도록 해라."[42]

네 번째, 혀를 무척 조심해야 한다. 왜냐하면 헛된 말은 우리의 입과 말에만 머물지 않고 심지어 우리의 행동과 삶에도 영향을 주기 때문이다. 하느님의 형제 야고보 사도는 이렇게 말했다.

"말에 실수가 없는 사람은 온몸을 잘 다스릴 수 있는 완전한 사람입니다."(야고보 3:2) 그러면서 혀를 조심하는 것이 얼마나 중요한 문제인지 깨닫게 해주려고 두 가지 예를 들어 말했다. "말은 입에 재갈을 물려야 고분고분해집니다. 그래야 그 말을 마음대로 부릴 수가 있습니다. 또 배를 보십시오. 거센 바람의 힘으로 움직이는 크디 큰 배라도 아주 작은 키 하나로 조종됩니다. 그래서 키잡이는 자기가 원하는 방향으로 그 배를 마음대로 몰고 갈 수 있습니다."(야고보 3:3-4)

그렇다면 우리가 하는 말이 언젠가 있을 심판에서 우리를 단죄할 원인이 되지 않게 하려면 어떻게 해야 할까?

첫째, 말이 가지는 본래의 숭고한 뜻과 세상에서의 본래 목적에 따라 절제있게 말을 사용해야 한다.

둘째, 하느님의 영광과 이웃의 유익, 그리고 개개인의 성화聖化와 같이 소중하고 가치 있는 것을 위해 말을 사용해야 한다. 거짓이나 속임, 모략, 비난 그리고 악의적인 소송이나 분쟁에 사용하면 절대 안 된다.

---

42) 니스테로 사부, *Ἀποφθέγματα Γερόντων*, 3.

셋째, 쉴 새 없이 말하거나 혹은 쓸데없는 말을 듣기보다는 기도를 하고 침묵을 하는 것이 좋다. 주님께서는 우리가 드리는 기도를 통해 당신의 은총으로 우리의 입을 보호하고 헛된 말에서 우리를 벗어나게 해 주실 것이다. "주여, 이 입에 문지기를 세워주시고 이 말문에 파수꾼을 세워주소서."(시편 141:3) 또한 우리는 침묵 속에서 미리 낙원을 맛보게 될 것이다. 시리아의 이삭 교부가 말한 것처럼 "말은 현세의 도구이고 침묵은 영원한 내세의 신비"[43]이기 때문이다.

"내 생명의 주님이시며 주관자시여," 에프렘 성인과 함께 내가 당신께 간절히 청하오니 "헛된 말 하는 마음을 나에게 주지 마소서."

내 생명의 주님이시며 주관자시여, "사람의 혀를 길들일 수 있는 사람은 아무도 없습니다."(야고보 3:8) 그러하오니 혀의 죄에서 벗어날 수 있도록 나를 도와주소서. 그리고 "실언하기보다는 길에서 넘어지는 편이 더 낫다."(집회서 20:18)는 그 말씀을 깨닫게 해주소서.

내 생명의 주님이시며 주관자시여, 나의 말을 순결하게 만드시어, 나의 말이 내 안에서 울리는 당신의 말씀이 되게 하시고, 나의 말이 나의 순수한 영혼의 형상이 되게 하시며, 나의 말이 내 안에 있는 모든 좋은 것을 다른 사람들에게 전달할 수 있는 안전한 통로가 되게 하소서. 그리고 나에게 부족한 모든 영적인 것을 내가 다른 이들로부터 얻을 수 있게 하소서.

---

43) 시리아의 이삭 사부, *Λόγοι Ἀσκητικοί*, 55, 아기온 오로스, 이비론 수도원, 2012, 697.

내 생명의 주님이시며 주관자시여, 내가 했던 불결하거나 헛된 말을 진심으로 회개할 수 있는 힘을 주시고 내가 "말로" 범한 나의 타락함에 대해 참되고 겸손하게 고백성사로 나갈 수 있도록 해 주소서. 아멘.

II

나에게 주소서

내 생명의 주님이시며 주관자시여,
당신의 종인 나에게 정결한 마음을 주소서

정결에 대하여

　육체의 정욕이 그대 안에서 전쟁을 일으켰을 때 그대는 겁먹거나 음란한 생각에 굴복하지 말라. 그대가 그런 난잡한 생각을 받아들이면 용기를 얻은 적은 그대를 비웃으며 "네가 정욕을 만족시키지 않으면 유혹의 불꽃은 너에게서 떠나지 않고 계속될 걸." 하며 집요하게 공격할 것이다. 사탄이 이렇게 그대를 공격하는 이유는 그대에게 크나큰 상처를 입히기 위함이다. 그때 그대는 참고 견디면서 주님을 기다려라. 선하신 분을 향한 눈물의 기도가 입에서 흘러나오게 하라. 그러면 선하신 분께서 그대의 기도를 들어주실 것이고 음란한 생각과 수치스러운 상상의 수렁에서 고통받는 그대를 건져내 주실 것이며, 거룩함의 바위 위에 온전히 설 수 있도록 해 주실 것이다. 그때 그대는 비로소 그분에게서 나오는 도움의 손길을 목도하게 될 것이다. 오직 그대가 해야 할 일은 인내하는 것과 유혹에 현혹되어 투쟁을 포기하지 않는 것이다. 주님께서는 그대가 기도하는 중에 "내가 여기에 있다"(이사야 58:9)라고 언제나 말씀하실 수 있음에도 불구하고 그대가 투쟁하는 모습을 보시기 위해 조용히 침묵하신다. 그대가 죽음에 이를 때까지 진정으로 죄와 투쟁을 하는지 지켜보시는 것이다. 그러므로 약해지지 말기 바란다. 주님께서 그대를 포기하지 않으셨기 때문이다. 게다가 수많은 거룩한 천사들과 사탄의 무리들까지도 그대의 투쟁을 지켜보고 있다. 천사들은 승리자에게 영광의 관을 씌워주지만 사탄의 무리들은 패배자에게 수치를 가져다준다. 천사가 그대를 지키기 위해 고군분투하듯 반대편에서 사탄 역시 그대를 무너트리기 위해 치열한 투쟁을 한다. 그대는 자신을 잘 보살펴라. 잘못하면 아군을 슬프게 하고 적군을 기쁘게 할 수 있다. 내가 말하는 아군이란 거룩한 천사들이고 적군이란 더러운 악령들이다.

시리아의 성 에프렘, *Ἔργα* 2, 148-150.

6. 내 생명의 주님이시며 주관자시여, 당신의 종인 나에게 정결한 마음을 주소서

에프렘 성인은 기도에서 먼저 우리의 영혼을 파괴하는 4가지의 악惡인 나태한 마음, 절망하는 마음, 지배하려는 마음, 헛된 말 하는 마음을 열거한 후 그 악에서 건져내 주실 것을 주님께 간청한다. 이어서 상반되는 4가지의 소중한 덕德인 정결한 마음, 겸손한 마음, 인내하는 마음, 사랑하는 마음을 열거하며 그 덕을 베풀어 주실 것을 주님께 간구한다.

에프렘 성인이 기도를 통해 하느님께 받고자 했던 4가지 덕목의 첫 번째는 바로 정결한 마음이다. 성인은 "그리스도께서 순결하신 것처럼 우리 자신을 순결하게"(요한I 3:3)지킬 수 있도록 도움을 간청했다. 만약 우리가 하느님께 받을 수 있는 은총, 또는 정신이 있다면 꼭 정결한 마음이라는 은총을 받도록 노력해야 한다.

정결한 마음에 대한 투쟁은 본성과의 투쟁을 의미한다. 개인적인 영적 경험을 통해 이 문제를 잘 직시하고 있었던 시나이의 요한 성인은 이렇게 적었다.

"순결의 투쟁을 한 사람은 그 덕을 자신의 성과물로 여겨서는 안

된다. 자신의 힘으로 본성을 이긴다는 것은 상상도 할 수 없는 일이기 때문이다.[44] 자신의 힘으로 육체와 전쟁을 치러 이기겠다고 마음먹은 사람은 헛고생만 할 뿐이다. 주님께서 육체의 거처를 부수시지 않고 영혼의 거처를 세워주지 않으시면 헛되게 밤을 지새고 금식을 한 것이기 때문이다.(시편 127:1 참조) 그러므로 그대는 자신의 부족함을 온전히 인정하고 본성의 나약함을 주님께 맡겨라. 그러면 그대는 자신도 모르게 정결의 은사를 입게 될 것이다."[45]

잘 알다시피, 오늘날 우리는 육체만능주의, 섹스중심주의 사고로 팽배한 사회 속에서 살아가고 있다. 인간의 존엄을 지켜주던 최소한의 수치라는 감정은 사라졌다. 그 결과 과거 자연스럽지 못했던 비윤리적 행위들이 오늘날에는 무척 자연스러운 일이 되고 말았다. 혼전 관계, 자유로운 동거, 부정不貞, 그리고 동성결혼을 인정하지 않으면 시대에 뒤쳐진 사람으로 치부된다. 남색과 성폭행이 전세계의 일상적인 뉴스거리가 되고 있고 포르노와 매춘이 에이즈와 같은 여러 가지 전염병을 일으키며 공중위생을 위협하는 지경에 이르렀음에도 한편으로는 이러한 사회적 분위기를 이용한 산업이 발전을 거듭하고 있다. 오늘날 죄는 더 쉽게, 더 자극적이게, 더 교묘하게 우리를 "얽어맨다."(히브리 12:1) 안타깝게도 오늘날 인간은 "하느님보다 쾌락을 더 사랑"(디모테오Ⅱ 3:4) 하는 불행한 상황을 맞이했다.
그렇다면 어떻게 해야 그리스도인인 우리가 이 비바람으로부터

---

44) 시나이의 성 요한, *Περὶ ἁγνείας, Κλῖμαξ*, 15:4.
45) Ibid, 15:21-22.

우리 자신을 지켜낼 수 있을까? 과연 어떻게 대처해야 하는 것일까? 거룩한 교부들은 우리에게 실용적인 방법을 제시해 주었다. 그리고 그 방법을 통해 정결한 마음이라는 어려운 미덕을 성취하면 하느님을 볼 수 있다고 가르쳤다. "마음이 깨끗한 사람이 하느님을 볼 것"(마태오 5:8)이기 때문이다.

첫째, 정결한 마음을 소망하는 사람이 제일 먼저 취해야 할 행동은 기도이다. 순결무구하게 살고자 하는 사람은 난잡한 생각이 들 때마다 단단히 준비를 하고 "예수 기도"를 드려야 한다. 어떤 소리나 영상으로 난잡한 욕구가 일게 되면 즉시 기도를 통해 생각을 그리스도께 돌리고 눈에 보이지 않는 전쟁이 끝날 때까지 그 생각을 유지해야 한다. 난잡한 생각을 멀리하고 그리스도께 집중하면 정욕을 불러일으키는 육적인 죄의 유혹은 사라질 것이다.

둘째, 유혹의 장소를 멀리하고 순결을 훼손하는 동기가 되는 사물이나 사람들과의 관계를 단절하는 것이다. 이것은 정결의 덕을 성취하는 데 커다란 안전판 역할을 한다. 이런 원칙을 지키는 사람은 유혹이 영혼을 위험에 몰아넣어도 자신이 뭔가 되는 것처럼 "만용"을 부리지 않게 된다. 그대는 상한 음식이 건강을 위협한다는 것을 알면서도 튼튼한 위장을 가졌으니 그것을 먹을 수 있다고 말할 수 있겠는가? 화상을 입을 것을 뻔히 알면 불장난을 하지 않듯이 그대도 그대를 태울 수 있는 영적인 위험요소를 하나도 남김없이 피해야 한다. 하느님께서는 이렇게 말씀하신다. "슬기로운 사람은 조심스레 악을 피하고 어리석은 자는 멋대로 날뛴다."(잠언 14:16) 요셉의 경우를 예로 들어보자. 그는 주인의 부인이 계속해서 유혹하자 "이렇게 엄청난 짓을 제가 어떻게 저지를 수 있겠습니까? 이것은 하느님께 죄가 됩니다."(창세기 39:9)라고 말했다. 그리고 그는 죄에 빠지지 않기 위해 벌거벗은 채 방에서 도망쳐 나왔다. 참으로 우리 모두가 따라야 할 완벽한 본보기가 아닐 수 없다. 그대는 유혹의 시간에 거룩한 교부들의 충고, "멀리하여 자신을 구원하라."[46]라는 가르침을 기억하라. 인터넷을 끄고 비윤리적인 책이나 잡지를 손에서 멀리하라. 욥처럼(욥 31:1) 눈과 귀와 입과 생각에 울타리를 쳐라. 그러면 그대는 죄의 화염에서 빠져나올 수 있을 것이다. 오감은 우리의 "창"(예레미야 9:20)이다. 창을 통해 우리 영혼에 들어오는 것은 죄뿐만이 아니다. 영적인 죽음도 함께 들어온다. 요한 크리소스톰 성인의 충고를 들어보자.

"그대가 정결해지기를 원하는가? 그렇다면 부정不貞만 피하지 말고 음탕한 광경도 피하라. 음담패설에서 멀어지기를 원하는가? 음담패설만 피하지 말고 불결한 웃음, 모든 악의 욕구를 멀리하라."[47]

셋째, 금식과 육체적인 노고가 정결한 마음을 지켜준다. 불에 장작을 넣지 않으면 어떻게 되겠는가? 곧 꺼지고 말 것이다. 이와 같이 금식으로 여러 가지 다양한 영양소를 공급받지 못한 몸도 육체적 욕망을 줄인다. 그리고 가치 있는 노동에서 오는 육체적인 노고는 죄에 집착할 여유를 제공하지 않는다. 반대로 나태하거나 태평하면 각종 육체적 죄가 싹틀 수 있는 토양이 마련된다. 그래서 모든 교부들은 정결한 마음이라는 덕을 성취하기 위해 노동해

---

[46] 아르세니오스 사부, *Ἀποφθέγματα Γερόντων*, 1. (88,29).
[47] 성 요한 크리소스톰, *Εἰς τοὺς Ἀνδριάντας, Ὁμιλία* 15, PG 49, 159.

야 한다고 강조했다. 다른 가르침도 살펴보자.

"수고하지 않는다면 정결한 마음을 성취할 수가 없다. 나쁜 욕망에 재갈을 물리지 않고 힘든 노고를 견뎌내지 않는다면 정결한 마음을 이뤄낼 수 없다."[48]

식탐이 많은 사람, 게으름뱅이는 쉽게 사탄의 도구가 될 수 있음을 잊지 말자.

넷째, 교부들은 육체적인 유혹의 시간에 승리자로 나서기 위한 또 하나의 방법이 주님의 십자가와 거룩한 상처, 그리고 우리 자신의 죽음과 우리가 묻힐 무덤을 생각하는 것이라고 가르쳤다. 시나이의 요한 성인은 이렇게 기록했다.

"죽음에 대한 생각과 짧은 '예수 기도'가 언제나 그대와 함께 자고 그대와 함께 일어나게 하라. 수면 중에 이것만큼 큰 도움을 주는 것은 그 어떤 것도 없다."[49]

이 방법은 육체적인 유혹이 일어날 때 빠르고 효과적으로 유혹을 약화시켜준다.

다섯째, "찢어지고 터진 마음"(시편 51:17) 역시 정결한 마음을 지키는 데 강력한 성벽이 되어준다. 주님께서는 겸손한 자를 내려다보신다. 겸손의 은총은 그분의 눈길이 머무는 곳에 있으며 겸손이 있는 곳에는 죄가 자리 잡지 못한다. 반면에 교만과 우월감은 완벽해 보이는 사람에게도 아주 쉽게 육체적인 유혹을 불러일으킨다. 이것은 자신의 미덕에 대해 "교만"해지지 않도록, 또한 자신

---

48) 성 요한 크리소스톰, ibid. Ὁμιλία 13, PG 49, 140.
49) 시나이의 성 요한, Περὶ ἀγνείας, Κλῖμαξ, 15:51.

이 내적으로 깨끗하지 못함을 깨닫게 하기 위함이다.

"추락은 교만의 구덩이이며 산물이지만 그것을 자발적으로 원했던 이들에게는 자신을 낮추는 동기가 되기도 했다."[50]

여섯째, 영원한 지옥에 대한 생각이 정결한 마음을 안전하게 지켜준다. "음란한 자나 우상을 숭배하는 자나 간음하는 자나 여색을 탐하는 자나 남색하는 자나 도둑질하는 자나 탐욕을 부리는 자나 술주정꾼이나 비방하는 자나 약탈하는 자들은 하느님의 나라를 차지할 수 없기"(고린토Ⅰ 6:9-10) 때문이다.

때가 오면 우리는 예외 없이 "그리스도의 심판대 앞에"(고린토Ⅱ 5:10) 서서 우리의 행실에 대해 해명을 해야 한다. "심판자는 곧 오실 것이다. 그리고 각자의 행실은 하나도 숨김없이 드러날 것"[51]이다. "명부가 열리고 행실들이 검증되고 어둠속에 감춰진 것들이 드러날 것"[52]이다. 하지만 언제 우리의 죽음이 찾아올지 언제 우리가 심판받을지는 누구도 알지 못한다.

지옥의 불은 내세에서 부도덕한 이들을 불로 태울 것이다. 하지만 현세에서 살고 있는 우리가 지금 이 사실을 직시한다면 우리는 육체의 정욕의 불의 화염에서 우리 자신을 보호하고 지켜낼 수 있을 것이다.

일곱째, 그리스도인으로서 선의를 가지고 투쟁을 열심히 했음에

---

50) 시나이의 성 요한, *Περὶ ἁγνείας*, *Κλῖμαξ*, 15:36.
51) 아침기도의 성 삼위 송.
52) 금육주일, 애니 가사, *Τριῴδιον*.

도 불구하고 다시 죄에 빠져 영혼을 더럽히게 되었을 때 우리는 즉시 회개의 성사인 고백성사를 받아야 한다. 성사를 통해 자신의 죄를 고백하고 하느님 앞에서 자신의 타락을 겸허히 받아들인다면 그는 죄의 사함을 받아 깨끗해진 모습으로 다시 투쟁에 나서게 될 것이다. 그리고 유혹을 받을 때 영적 아버지의 도움은 필수적이다. 그 이유에 대해 시나이의 요한 성인은 이렇게 적었다. "대양大洋에 있는 배를 홀로 지켜낼 수 있을지에 대해서 나는 의문스럽다."[53]

독자들이여, 정결한 마음을 성취하지 못하도록 사탄이 선포한 전쟁은 그것이 눈에 보이든 안보이든 우리의 생이 끝나는 그날까지 계속될 것이다. 그리고 남녀노소, 지식인과 문맹인, 부자와 빈자를 가리지 않고 모두를 감염시키려 할 것이다. 그러므로 그런 유혹에 빠지지 않도록 언제나 주의를 경계하고 신경 써서 자신을 지켜라. 절대로 자기 자신을 과신하는 이가 있어서는 안된다. "자기 발로 서 있다고 생각하는 사람은 넘어지지 않도록 조심해야"(고린토Ⅰ 10:12)한다. 요컨대 지금까지 언급했던 방법을 모두 동원해서 영혼의 순결과 정결을 지켜내도록 하자. 필요하다면 피를 흘려서라도 이 전쟁에서 꼭 승리자가 되도록 하자.

우리는 정결한 마음을 잃지 않기 위해서 엄청나게 투쟁했던 놀라운 선례들을 성인들의 삶 속에서 찾아볼 수 있다. 특히 일부 수

---

[53] 시나이의 성 요한, *Περὶ ἁγνείας*, *Κλῖμαξ*, 15:56.

행자들은 과도하게 보일 정도로 자기를 희생하는 영웅적 모습을 보여주고 있는데 그 단적인 예를 하나 들어보자.

"언젠가 한 창녀가 광야에서 수행을 하고 있는 한 젊은 수도사를 유혹해서 죄를 짓게 하겠다고 친구들과 내기를 걸었다. 그녀는 한밤중에 수도사의 거처를 찾아가 광야에서 길을 잃어 맹수들의 밥이 될 위험에 처해 있다고 거짓 눈물을 흘리며 도움을 요청했다. 수도사는 자비로운 마음으로 그녀를 거처로 들여놓았고 잠잘 곳을 마련해 주었다. 그 순간 그녀는 얼굴을 가리고 있던 베일을 벗으며 자극적으로 그녀의 미를 드러냈다. 육체적인 정욕이 수도사를 자극하기 시작했다. 수도사는 옆방으로 가서 무릎을 꿇고 뜨거운 기도를 드렸다. 하지만 밤이 깊어지면 깊어질수록 죄의 불꽃은 더욱 그를 태웠다. 그러던 어느 순간 수도사는 자신의 의지가 약해지는 것을 느꼈고 순간 두려움이 엄습했다. 그는 죄의 유혹을 벗어나기 위해 매우 과감한 선택을 하기로 결심했다. 수도사는 음란한 생각에게 이렇게 말했다. '나를 죄로 끌고 가겠다 이거지. 그럼 어디 한번 해보자. 네가 과연 죄로 이끄는 그 불꽃을 지켜낼 수 있을지.' 말을 마친 수도사는 등잔에 불을 붙였다. 그리고 그의 손가락 하나를 등불 위에 올려놓았다. 하지만 그의 육체를 태우는 다른 '불꽃'이 등불보다 더욱 강해 수도사는 손가락의 고통을 느낄 수가 없었다. 첫 번째 손가락을 불 위에서 태운 후 수도사는 두 번째 손가락을 등잔불 위에 올려놓았다. 그리고 계속해서 세 번째, 네 번째, 마침내 새벽이 올 때까지 다섯 손가락을 전부 태워버렸다.

하느님의 종이 다섯 손가락을 전부 태우는 초인적인 투쟁을 하는 것을 몰래 지켜보던 창녀는 엄청난 충격과 두려움에 그만 쓰러져 죽고 말았다.

아침이 밝자 약속했던 대로 창녀의 친구들은 수도사를 비웃기 위해 일찌감치 수도사를 찾았다. 그때 문 밖에서 기도를 하고 있던 그를 발견했다.

'혹시 어젯밤에 어떤 여자가 이곳에 오지 않았는지요?'

'안에서 자고 있습니다.' 수도사가 대답했다.

수도사의 말을 듣고 안으로 들어간 그들은 그곳에서 시신이 되어있는 그녀를 발견했다.

그들은 두려움에 사로잡혀 '수도사님, 그녀가 죽었습니다.' 하고 말했다. 그러자 수도사는 불에 탄 그의 손을 보여주며 '그녀가 나에게 무슨 짓을 했는지 보시오.' 하고 말했다. 그리고 그간에 있었던 이야기를 그들에게 해주었다. 수도사는 계속해서 '악을 악으로 갚는 사람이 하나도 없도록 하고, 언제나 서로 남에게 선을 행하도록 힘쓰십시오.'라는 성서 말씀에 따라 창녀의 주검에 가서 기도를 해주었다. 그리고 그녀를 다시 살려냈다. 심한 충격을 받은 그녀는 잘못을 회개한 후 그곳을 떠나 완전히 새로운 삶을 살았다."[54]

위의 예는 정결한 마음을 더럽히려는 보이지 않는 전쟁에서 어떠한 희생을 치러서라도 우리가 승리해야 한다고 말하고 있다. 그 이유는 "하느님께서 우리를 음탕하게 살라고 부르신 것이 아니라

---

54) Ἀποφθέγματα Γερόντων, 189.

거룩하게 살라고 부르셨기 때문이다."(데살로니카Ⅰ 4:7) 그러므로 우리 모두 십자 성호와 예수 기도로 우리의 순결한 마음을 지키자. 타락하지 않도록 우리의 수호천사에게 도움을 요청하자. 혹시 추락하게 되면 회개를 통해 다시 일어서도록 하자. 우리가 이렇게 투쟁하며 살아간다면 보이지 않는 하느님의 손길이 분명 우리를 붙들어 주실 것이다. 우리와 동행할 것이며 우리의 땀을 씻어주실 것이다.

사탄이 일으키는 육체적인 유혹에 빠지지 않도록 우리 모두 에프렘 성인의 기도에서처럼 하늘의 도움을 간청하자.

"내 생명의 주님이시며 주관자시여" 정결의 몸으로 하느님의 어머니가 되신 동정녀 마리아의 중보를 통해 기도하오니 "정결한 마음을 당신의 종인 나에게 베풀어 주소서."

내 생명의 주님이시며 주관자시여, 당신께 간구하오니 육체적인 유혹의 시간에 나를 저버리지 마소서.

내 생명의 주님이시며 주관자시여, 부도덕의 용광로에서 나를 보호하소서. 느부갓네살이 세 아이들을 불가마에 넣었을 때 불의 화염을 산들바람처럼 바꾸시고 지켜주셨던 것처럼 무절제한 섹스 만능주의의 사회 속에서 정결을 지키려고 투쟁하는 젊은이들을 보호하시어 그들도 세 아이처럼 "주 하느님, 찬미 받으소서. 영원무궁토록 영광을 받으소서."(다니엘 3:52-90 참조)라고 소리 높여 외치게 하소서. 아멘.

내 생명의 주님이시며 주관자시여,
당신의 종인 나에게
겸손한 마음을 주소서

겸손에 대하여

 진정으로 겸손한 사람의 특성은 이렇다. 자신이 다른 모든 죄인들보다 더 큰 죄인이라고 생각한다. 하느님 앞에서 잘 한 것이라고는 하나도 없다고 생각한다. 어떤 기회에서든 어떤 장소에서든 어떤 행위에서든 잘못이 없었는지 성찰한다. 다른 이를 비난하지 않으며 세상에서 자기보다 더 부덕하고 불결한 죄인은 없다고 생각한다. 언제나 다른 이들을 높이고 영광스럽게 한다. 결코 남을 비난하거나 깎아내리거나 헐뜯지 않는다. 피할 수 없는 경우를 제외하고는 항상 침묵을 지킨다. 믿음의 주제나 다른 주제를 가지고 다른 이와 다투지 않는다. 상대방이 옳은 것을 말하면 '나도 같은 생각이야'라고 말하고 그릇되게 말하면 '네가 잘 알겠지'라고 말한다. 순종을 미덕으로 안다. 자신의 의지를 파멸로 이끄는 요인으로 여겨 소름끼치듯 멀리한다. 언제나 시선은 아래를 향하고 눈앞에는 죽음을 그린다. 유익하지 않은 말, 어리석은 말, 거짓말을 하지 않으며 어른에게 대들지 않는다. 모욕이나 폄훼, 벌을 기쁘게 받아들여 감내하며 안락함을 미워하고 노고를 사랑한다. 다른 사람에게 화를 불러일으키거나 마음에 상처를 입히지 않는다.

 이런 것들이 진정한 겸손의 특성이다. 이런 특성을 지닌 겸손의 소유자는 참으로 복되다. 왜냐하면 그는 현생에서 이미 하느님의 성전과 거처가 되어 하늘왕국의 상속자가 되었기 때문이다. 아멘

시리아의 성 에프렘, Ἔργα, 5, 416-17.

7. 내 생명의 주님이시며 주관자시여, 당신의 종인 나에게 겸손한 마음을 주소서

　에프렘 성인의 기도를 통해 우리는 겸손의 영, 겸손의 은사를 베풀어 주실 것을 주님께 간구한다. 이것은 겸손한 사람이 될 수 있게 해달라는 간절한 청이다.
　우리는 이 기도를 수시로 반복해 올린다. 하지만 우리들 중 과연 몇 명이 겸손이 가지는 진정한 가치를 깨닫고 있으며 그 미덕을 성취하려 할까?
　불행하게도 오늘날 세상은 드러나든 드러나지 않든 교만이 지배하고 있다. 그리고 교만은 그리스도인에게도 자못 큰 영향을 미쳐 요즘 그리스도인에게서 참된 겸손의 가치를 발견하기란 쉽지 않다.
　겸손은 단지 사람들 기억 속에서만 사라진 것이 아니다. 왜곡되어 세상에 만연되어 있다. 오늘날의 사회는 겸손한 사람을 힘없고 보잘 것 없고 가치 없고 어리석다고 치부한다. 동정과 무시의 대상으로 그들을 바라보고 성공적인 삶을 영위하지 못 할 것이라고 생각한다. "세상 사람들이 그런 사람을 이용할 것"이라 믿기 때문이다. 반면에 사람들은 이기주의와 자신의 능력만이 성공한 삶을 위한 필요충분조건이라고 생각한다. 자신의 재능을 통해 명성을 얻고 재력과 학식으로 권위를 얻고 뛰어난 외모로 다른 이들의 시선을 받을 수 있다고 생각한다. 그들의 관점으로 보면 겸손한 사람이 실패한 사람이고 이기주의자가 성공한 사람이 되는 것이다.

하지만 실은 그렇지 않다! "교만한 자를 업신여기시고 겸손한 사람에게 은혜를 베푸시는"(잠언 3:34, 야고보 4:6, 베드로Ⅰ 5:5) 하느님의 눈에는 전혀 다르게 비춰지기 때문이다. 하느님께서는 교만한 자를 싫어하시고 겸손한 자에게 당신의 호의와 은총을 내리신다. 하느님께서는 이사야 예언자를 통해 이렇게 말씀하셨다. "내가 굽어보는 사람은 억눌려 그 마음이 찢어지고 나의 말을 송구스럽게 받는 사람이다."(이사야 66:2)

하느님만이 겸손한 사람과 화평을 누리시는 것이 아니다. 우리도 겸손한 사람과 함께 일하거나 친구가 될 때 평화를 누리고 기뻐한다. 인생에서 진심으로 겸손한 사람을 가까이서 경험해본 사람은 그 사람의 가치를 인정하고 그를 사랑하며 높이 평가할 것이다. 그리고 오늘날 겸손에 대한 인식이 얼마나 왜곡되어 있는지 깨닫게 될 것이다.

세상 사람들은 겸손한 마음이 자신의 가치를 깎아내린다고 생각한다. 하지만 하느님께서는 세상 사람처럼 생각지 말고 겸손한 마음을 사랑하라고 분명하게 말씀하셨다. "누구든지 자신을 높이면 낮아지고 자기를 낮추면 높아질 것이다."(루가 18:14) 하느님의 이 말씀은 인간의 역사 속에서 누차 확인되었다. 그리고 그 예들은 산처럼 많다.

안타깝게도 오늘날 많은 그리스도인은 겸손의 미덕을 사랑한다고 말하면서도 실행에 옮기지 않는다. 하느님의 말씀도 인생의 경험도 그들을 설득하지 못한다. 다른 사람 앞에서의 우월감, 교만, 윗자리에 대한 욕구, 남과의 차별은 그들의 두 번째 본성이 된 지 오래다. 왜 그럴까? 문제는 자기 자신을 모른다는 것이다. 다재다능한 사람도 자신을 잘 아는 사람은 겸손하다. 많은 장점과 동시에 많은 결점이 있음을 알고 있기 때문이다.

무한한 사랑을 지니신 하느님께서는 인간 구원을 위해 다양한 방법으로 겸손한 마음을 우리가 가꿔 나갈 수 있도록 하셨다. 어떤 사람에게 특별한 재능을 주셨다면 반드시 다른 점을 부족하게 하셨다. 즉, 하나가 있으면 하나가 부족한 것이다. 예를 들면, 머리는 영리하지만 언어의 은사가 없을 수 있고 외모는 잘생기고 건강하지만 머리가 좋지 않을 수도 있다. 어떤 철학자는 유능하지만 자신의 이론을 체계화하는 능력이 부족할 수 있고 아주 일상적이고 쉬운 것을 잘 다루지 못해 다른 사람의 손을 빌릴 수도 있다. 그 어려운 이론에 오랜 시간 심취되어 있던 아이슈타인도 연구실에서 나와 집으로 갈 때면 종종 길을 잃어 부인이 그를 찾아 다녔다고 한다!

조금만 곰곰이 생각해보면, 이기주의자가 얼마나 어리석은 사람인지 겸손한 자가 얼마나 지혜롭고 인간적인 사람인지 알게 된다. 솔직히 학식이 아무리 높다 해도 인간이 얼마나 많은 것을 알 것이며 세상을 둘러싸고 있는 신비에 대해 얼마나 이해할 수 있겠는가? 극히 미미한 부분일 것이다. 그대는 그대가 자랑하는 건강,

힘, 아름다움, 젊음, 재산이 얼마나 갈 거라고 생각하는가? 분명히 말하지만 얼마 못갈 것이다. 눈에 보이지도 않는 아주 미세한 세균이 건강한 청년을 침대 위에 평생 묶어 놓을 수 있고 부자는 작은 실수 하나로 그가 모은 온 재산을 날리기도 한다! 과연 누가 영적인 완성에 대해 잘난 체 할 수 있겠는가? 우리 영혼을 조금만 들여다보자. 그러면 우리는 결점, 나약함, 불결, 영적 미숙, 타락한 우리의 자화상을 보게 될 것이다.

그러므로 겸손한 사람은

1. 언제나 자신을 "높이려는 생각"을 멀리 한다.

2. 자신의 선행을 드러내지 않고 쉽게 잊어버린다. 선행이 자신의 노력의 산물이 아닌 하느님의 선물이라고 믿기 때문이다. 그는 오직 자신의 것이라고는 죄밖에 없다고 여긴다.

3. 다른 사람과 비교했을 때 자신이 가장 보잘것없고 가장 큰 죄인이라고 인식한다. 그래서 그는 자진해서 어른뿐만 아니라 자기보다 어린 사람에게도 섬기는 자세로 대한다.

4. 자신의 능력보다 하느님의 능력을 신뢰한다. 그래서 언제나 조심스럽고 슬기롭게 언행을 한다.

5. 다른 이의 지적을 받아들인다. "옆에 있는 사람이 나보다 내 상처를 더 잘 볼 수 있다는 것"과 그래서 "치유의 광명이 나 자신에게 있지 않고 이웃과 하느님께 있음"[55]을 잘 알고 있기 때문이다.

6. 사람들의 찬사를 두려워한다. 사람들의 갈채로 하느님의 왕

---

55) 시나이의 성 요한, *Περὶ ταπεινοφροσύνης, Κλῖμαξ*, 25:48.

국을 잃을 수 있음을 알고 있기 때문이다.

"칭송받고 영예를 입는 사람은 영적으로 많은 손상을 입는다. 하지만 인간의 찬사를 받지 않는 사람은 하느님으로부터 영광을 입는다."[56]

7. 그리스도의 계명에 순종하면서 윗자리를 다른 사람들에게 양보한다. 반대로 다른 이들이 모두 기피하는 어려운 순간에는 섬김의 "앞치마"를 허리에 두르고 제일 앞에 나선다.

지금까지 언급한 것을 실천하는 것은 결코 쉬운 일이 아니다. 그리고 우리의 힘으로 이룰 수 있는 것도 아니다. 누군가가 나서서 겸손한 마음을 가꿀 수 있도록 우리를 이끌어 주어야 한다. 그렇다고 인간의 지식으로부터 도움을 얻을 생각을 해서는 안 된다. 인간의 "지식은 사람을 교만"(고린토Ⅰ 8:1)하게 만들고 상대보다 우월하다는 생각을 불어 넣기 때문이다.

겸손한 마음의 가장 훌륭한 본을 보여주신 분은 바로 우리의 인도자, 그리스도이시다. 주님께서는 우리에게 "나는 마음이 온유하고 겸손하니 나에게 배워라."(마태오 11:29)라고 말씀하셨다. 시나이의 요한 성인은 그리스도의 이 말씀을 매우 훌륭하게 해석했다.

"천사, 인간, 책이 아닌 나에게서 배워라. 너희 안에 거처하는 나, 나의 빛, 나의 에너지로부터 배워라."[57]

그리스도의 일생은 겸손한 마음의 끝이 어디인지를 세상에 보여

---

56) Ἀποφθέγματα Γερόντων, 74.
57) 시나이의 성 요한, Περὶ ταπεινοφροσύνης, Κλῖμαξ, 25:3.

준 가장 좋은 선례이다. 허름한 마굿간에서 태어나셨고 헤로데에게 쫓기셨을 때 신성의 능력을 사용하지 않고 겸손하게 이집트로 피신하는 길을 택하셨다. 인간의 할례를 허락하셨으며 "죄를 지으신 일이 없으신 분"(베드로I 2:22, 이사야 53:9)이 요한으로부터 세례를 받으셨다. 그리고 마침내 "당신 자신을 낮추셔서 죽기까지, 아니, 십자가에 달려 죽기까지"(필립비 2:8) 고난의 골고타로 순종의 길을 떠나셨다!

　모든 성인들이 겸손의 극치를 보여준 주님의 길을 따라 걸었다. 내면의 이기주의를 뿌리 뽑고 겸손의 아름답고 향기로운 꽃을 피우기 위해 온 힘을 다해 투쟁했다. 겸손의 덕을 성취하고자 하는 그들의 피나는 노력은 사탄의 공격에 쉽게 무너지지 않는 그들만의 방법을 찾는 데까지 이르렀다.

　수행을 하는 한 수도사가 있었다. 사탄은 그에게 교만한 생각을 불어넣으며 그와 전쟁을 치르고 있었고 수도사는 다음과 같은 방법으로 사탄의 공격을 막아내고 있었다.

　"그는 즉시 자리에서 일어나 벽에다 사랑, 겸손, 기도, 순결 같은 덕들을 적었다. 그리고 교만해지려 하면 '그럼, 덕을 얼마나 이뤘는지 가서 확인해 볼까?' 하면서 벽 앞에 가서 적어 놓았던 덕목을 큰 소리로 읽어 내려갔다. 그런 후에 그는 자신을 향해 이렇게 소리쳤다. '네가 이 덕들을 성취 한다 해도 너는 여전히 하느님에게서 멀리 떨어져 있다는 것을 알아야 해.'"[58]

---

58) Ibid. $Κλῖμαξ$, 25:23.

우리를 교만에 빠트려 하느님의 은총을 잃게 만들고 도구로 삼으려고 하는 사탄의 강력한 공격에 우리 역시 필사의 각오로 맞서야 한다. 상대방보다 더 좋은 무기를 가지고 있는 쪽이 전쟁에서 승리할 수 있는 것처럼 영적 전쟁에서도 마찬가지다. 사탄과의 전쟁에서 승리하기 위해서는 사탄이 가지고 있지 못하는 무기를 써야 한다. 성인들은 "사탄이 가지고 있지 않은 무기로 사탄을 대적하라."고 조언한다. 사탄이 가지고 있지 않은 가장 강력한 무기, "핵폭탄"은 바로 겸손이다. 겸손한 자는 사악한 영에 맞서 뛰어난 무기로 무장한 사람이다. 사탄은 자신이 결코 이룰 수 없는 겸손한 마음을 그 무엇보다 두려워한다.

겸손한 마음은 하느님의 선물로서 우리를 하늘로 높이 올려준다. 반면 이기주의는 에오스포로스(사탄)처럼 우리를 저 밑으로 추락시킨다. 그러므로 에프렘 성인의 기도에서처럼 우리 모두 주님께 겸손한 마음을 베풀어 달라고 뜨겁게 간구하자.

"내 생명의 주님이시며 주관자시여, 당신의 종인 나에게 겸손한 마음을 주소서." 그래서 사탄이 저의 선행을 높여 교만한 생각을 불어넣을 때 "여러분이 가지고 있는 것은 모두 하느님께로부터 받은 것이 아닙니까? 이렇게 다 받은 것인데 왜 받은 것이 아니고 자기의 것인 양 자랑합니까?"(고린토Ⅰ 4:7)라는 사도 바울로의 말을 기억하게 하소서.

"내 생명의 주님이시며 주관자시여, 당신의 종인 나에게 겸손한 마음을 주소서." 그래서 나의 덕으로 여겨지는 것에 대해 교만한 생각이 들고 나의 죄를 잊을 때 "그리스도 예수께서 죄인들을 구원하시려고 이 세상에 오셨습니다. 그리고 나는 죄인들 중에서 가장 큰 죄인입니다."(디모테오 I 1:15)라는 말씀을 상기시켜 주소서.

"내 생명의 주님이시며 주관자시여, 당신의 종인 나에게 겸손한 마음을 주소서." 그래서 "하나는 높여주고 또 다른 하나는 높이 올라간 이들이 추락하지 않도록 지켜주는 성스런 짝인 겸손과 사랑"[59]에 언제나 몰입할 수 있게 하소서. 아멘.

---

59) Ibid., *Κλῖμαξ*, 25:36.

내 생명의 주님이시며 주관자시여,
당신의 종인 나에게
인내하는 마음을 주소서

인내에 대하여

인내를 성취한 사람은 복되다. 인내는 희망을 낳고 희망은 실망을 주지 않기 때문이다.(로마 5:4-5 참조) 인내를 할 줄 아는 사람은 참으로 복되고도 복되다. 마침내 구원을 얻을 것이기 때문이다.(마태오 10:22) 사실 이보다 더 좋은 약속이 어디에 또 있겠는가? 주님께서는 선하시고 자애로우신 분으로서 인내하며 당신을 기다리는 모든 이들을 보살펴주신다. 그렇다면 인내의 한계는 어디일까? 인내는 단순하게 그 자체로 끝나는 것이 아니다. 인내는 모든 덕 속에 녹아 있다. 인내는 모든 덕과 관계를 맺고 있기 때문이다. 인내하는 사람은 슬픔 속에서 기뻐하고 시련 속에서 성숙한다. 유혹 속에서 만족할 줄 알고 기쁜 마음으로 순종한다. 너그러움에 익숙하고 완전한 사랑을 하며 모욕에는 축복을 하고, 다툼에는 평화를 유지한다. 수행은 용맹스럽게, 찬양은 열정적으로, 금식은 기꺼이, 기도는 끈기 있게, 일은 빈틈없이, 임무는 성실하게, 그리고 지시에는 복종한다. 다른 이를 섬길 때는 공손으로 대하고 품행은 올바르다. 병든 자들을 돌보고 어렵게 살아가는 이들에게는 가장 먼저 벗이 된다. 생각에 있어서는 신중하고 모든 일에 깨어 있다. 인내를 성취한 사람은 희망을 이룬 사람이다. 그런 사람은 갖은 선행으로 자신을 치장한다. 그는 용기를 가지고 주님께 외칠 것이다. "제가 인내하며 주님을 기다렸습니다. 그리고 당신께서는 저를 지켜주셨습니다."

시리아의 성 에프렘, Ἔργα, 1, 54-56.

8. 내 생명의 주님이시며 주관자시여, 당신의 종인 나에게 인내하는 마음을 주소서

주님께 겸손한 마음을 달라는 간청이 끝나면 이어서 인내하는 마음을 달라는 간청을 주님께 올린다. 오늘날 이 간청은 무엇보다도 절실하다. 인내의 덕이 갖는 가치를 이해하지 못하는 사람들이 너무 많기 때문이다. 이 문제는 현대사회의 조급증과 자동화에 기초하고 있다. 과학의 발달로 생산 과정은 더욱더 기계화되어 가고 있고 많은 사람들은 조급증에 걸려 지금 당장 그들이 원하는 욕구나 필요를 채우려고 안달이다. 철들지 않은 어린애처럼 항상 자신이 원할 때, 원하는 것은 무엇이든지 갖고 싶어 한다. 오늘날 젊은이들은 그들이 추앙하는 운동선수, 배우, 가수, 사진모델처럼 하루아침에 유명해지고 부를 얻을 수 있을 것이라 믿는다. 그들은 자신들의 요구에 대한 대답이 사람들로부터 즉시 나타나길 바라고 심지어 하느님께도 그렇게 간청한다. 그들은 참고 기다리는 데 익숙지 않다.

우리는 너무도 급하다! 그래서 아이들이 성장하고 성숙하고 발전할 시간을 허락하지 않는다. 아이가 잘못을 하면 혼내기에만 급급하고 아이 스스로 잘못을 깨닫고 돌아볼 여유를 주지 않는다. 인내의 부족과 성급함이 첫 창조물이 타락하게 된 원인이었다는 점은 의미하는 바가 크다. 신학자 그레고리오스 성인은 이렇게 말했다.

"금기시된 열매, 그 자체가 나쁜 것은 아니었다. 문제는 첫 창조물들이 조급함으로 인해 때가 오기 전에 그것을 먹었다는 것에 있었다."[60]

하느님께서는 세상 구원을 위해 독생자이신 아들을 세상에 보낼 "그 때"(갈라디아 4:4 참조)를 기다리고 계셨다. 예언자들의 말과 다양한 "표징"을 통해 당신이 선택한 백성, 유대인들이 메시아를 받아들일 수 있도록 수천 년을 인내하며 준비시키셨던 것이다.

물질적이든 영적이든 우리의 삶속에서 무엇인가를 성취하려면 인내가 필요하다. 그리고 인내 자체도 시간이 흐르면서 배움과 습득을 통해 성숙해지는 것이다.

자연은 구원으로 이끌어줄 인내하는 마음을 성취하는 방법을 우리에게 가르쳐준다. 자연은 결코 도약하지 않는다. 때에 맞춰 순리대로 움직일 뿐이다. 자연에서 씨를 심는 즉시 싹이 나는 경우는 없다. 과일 나무의 열매도 하루아침에 여물지 않으며 씨를 뿌린 후에 바로 추수하지 못한다. "농부는 땅이 귀중한 소출을 낼 때

---

60) 신학자 그레고리오스, *Λόγος εἰς τὰ Θεοφάνεια*, PG 36, 324C 참조. "선악과는 처음에 나쁜 의도로 심어진 게 아니었다. 첫 창조물에 대한 하느님의 시기로 금기시 된 것도 아니었다.(하느님 적들의 혀들이 거기까지 미치지 않기를, 뱀, 곧 사탄을 닮지 말기를!) 적당한 때가 왔을 때 그것을 먹었다면 좋을 것이었다.(내 관점에서 봤을 때, 선악과는 하느님의 모습으로 수행의 최고봉에 이른 사람만이 위험하지 않게 그 모습에 다가설 수 있었다) 반면에 경지에 이르지 못했거나 욕망에 큰 갈등을 느끼는 사람에게는 좋은 것이 아니었다. 그것은 젖을 필요로 하는 사람에게 단단한 음식이 도움이 되지 않는 것과 같았다."(고린토 I 3:2 참조)

까지 끈기 있게 가을비와 봄비를 기다립니다."(야고보 5:7) 우리의 인생도 이런 자연과 전혀 다르지 않다.

인내 없이 좋은 것을 얻을 수 없다는 사실은 이미 우리가 인생을 통해 알고 있는 진리이다. 가정의 예를 보자. 얼마나 많은 인내 속에서 부부가 서로의 부족함과 결점 그리고 독특한 생활방식을 인정하며 조화롭게 살아가려고 노력하는가?

오늘날 이혼율이 높은 근본적인 원인은 명백히 인내하는 마음의 결핍에 있다. 한 명의 자식을 양육하기 위해 얼마나 많은 인내하는 마음이 부모에게 필요한지 아는가? 사춘기때 반항하는 자식을 보듬으며 잘못을 잡아주고 올바른 인성을 갖춘 인격체로 성장시키는 것이 얼마나 많은 인내하는 마음을 필요로 하는지 알고 있는가? 임신과 출산, 양육의 모든 과정은 총체적으로 인내하는 마음을 요하는 작업이다.

교육 사업에도 얼마나 인내하는 마음이 필요한지 생각해보라. 인내하는 마음이 없는 교육자가 학생들을 올바로 교육하고 이끌어 줄 수 있겠는가? 학생도 끈기와 인내 없이 과연 무엇을 배울 수 있겠는가?

요컨대 인내하는 마음 없이는 삶 속에서 겪는 일상사, 슬픔, 병, 그리고 죽음을 우리는 제대로 직시할 수 없을 것이다.

물질적인 것에 인내가 이토록 절실하다면 영적인 것에 대한 인내야 얼마나 더 절실할까? 구원은 인내하는 마음과 불가분의 관계를 맺고 있다. 씨 뿌리는 비유에서 씨, 곧 하느님의 말씀이 착한 마음을 가진 영혼에 떨어지면 "인내하는 가운데 열매를 맺는다."(루가 8:15 참조)고 주님께서 말씀하신 이유가 바로 그것이다. 좋은 땅과 같은 사람은 덕을 열매로 맺는다. 왜냐하면 슬픔, 유혹, 그리고 영적 여정에서 만나는 모든 시련을 참고 견디며 인내하기 때문이다.

사도 바울로는 "우리가 달려야 할 길을 꾸준히 달려가자."(히브리 12:1)라고 가르쳤다. 그리고 인내의 산물로 "끈기"를 얻을 것이라고 하였다. 그 말은 곧 시련 속에서의 인내가 불이 금을 순수하게 만들어 주듯이 우리를 더욱 강하고 순결하게 해준다는 것이다. 사도 바울로는 또 다른 성서구절에서 "여러분이 하느님의 뜻을 행하고 하느님께서 약속해 주신 것을 받으려면 인내가 필요하다."(히브리 10:36)고 역설했다.

성 요한 크리소스톰은 인내를 이렇게 표현했다.

"인내는 고요한 항구, 전쟁 속의 평화, 폭풍우 속의 고요, 계략에 대한 안전판, 인내에 성공한 사람을 다이아몬드보다 더욱 강하게 만드는 능력입니다. 이동 무기도, 군대 진영도, 성벽을 공격하는 장치들도, 활도, 창도 그리고 모든 수하들과 계략으로 무장한 사탄도 인내의 덕을 훼손시키지 못합니다."[61]

지금까지 언급한 것을 종합해 보면 인내하는 마음이 삶의 모든 것에 얼마나 절실히 필요한 것인지 깨닫게 된다. 그럼에도 우리는 인내가 매우 어려운 것임을 고백해야 한다. 사탄은 슬플 때 아플

---

[61] 성 요한 크리소스톰, Ἐπιστολή πρὸς Ὀλυμπιάδα, 7, PG 52, 606.

때 그리고 여러 가지의 시련이 닥칠 때 우리를 찾아와 복잡한 생각을 불어넣는다. 그리고 우리를 파멸로 이끄는 절망에 빠트리기 위해 우리 마음속에 조바심을 일으킨다.

인내라는 덕을 성취하기 위해서는 노고와 희생을 필요로 한다. 썩어 없어질 월계관을 얻기 위해 운동선수가 그토록 땀을 흘린다면 그리스도로부터 불멸의 월계관을 받으려 애쓰는 영적 투사야말로 얼마나 더 열심히 투쟁해야 하겠는가?(고린토Ⅰ 9:25 참조) 인내 없이는 그 어떤 덕도 이룰 수 없다. 성숙한 기도를 하기 위해서는 인내를 가지고 꾸준하게 노력을 기울여야 한다. 그래야 기도가 가지고 있는 능력과 달콤함을 느끼고 맛볼 수 있는 것이다. 열매는 한 순간에 그렇게 쉽게 찾아오지 않는다.

대 바실리오스 성인은 영적인 덕을 성취하는 데 필요한 노고에 대해 이렇게 기록했다.

"하느님께서는 우리에게 무엇이 필요한지 아시며 우리를 흡족하게 하기 위해 필요한 재화를 풍성하게 베푸신다. 또한 하느님께서는 선하신 분으로서 '악한 사람에게나 선한 사람에게나 똑같이 햇빛을 주시고 옳은 사람에게나 옳지 못한 사람에게나 똑같이 비를 내려 주신다.'(마태오 5:45) 그렇다고 믿음과 덕행과 하늘의 왕국이 공짜로 그냥 우리에게 주어지는 것이 아니다. 그것은 우리가 인내와 끈기를 가지고 땀을 흘리며 추구할 때 얻어질 수 있는 것이다. 우리는 먼저 덕을 열망해야 한다. 그러고 난 다음에 믿음과 인내를 가지고 진실되게 그 덕목들을 찾아나서야 한다. 만약 우리가 온 힘을 다해 그리고 게으르게 살지 않았다는 양심을 믿고 필요한 것을 주님께 간청한다면 그때 우리는 주님으로부터 원하는 것을 받게 될 것이다. 물론 주님께서 그것을 원하셨을 때를 전제로 한다. 왜냐하면 주님께서는 우리에게 유익한 것이 무엇인지 우리보다 더 잘 알고 계시기 때문이다. 그래서 때로는 우리의 요청을 미루고 계시는지 모른다. 그것은 당신 곁에 우리를 두게 하시려는 것일 수도 있고 또 우리에게 하느님의 선물의 가치를 알게 해서 그 선물을 잘 간직하게 하기 위한 것일 수도 있다. 무언가를 크게 수고해서 얻어 본 적이 있는 사람은 공들여 얻은 것을 허사로 만들지 않기 위해 그것을 잘 보관하려 노력하기 때문이다. 그리고 하느님의 은총을 헛되게 해서 영원한 생명에 부적합한 존재가 되지 않으려 하기 때문이다."[62]

오늘날 많은 그리스도인들이 덕으로 나아가지 못하는 이유는 인내하는 마음의 결핍 때문이다. 사람들은 수고하지 않고 은총과 덕을 이루기를 바란다. 바로 성과를 보기를 원한다. 열의와 열정을 가지고 구원을 향해 나아가다가도 얼마 지나지 않으면 열정이 사라져 투쟁을 중단한다. 그들은 시작했던 일을 끝까지 마무리 하려 하지 않는다. 인내하는 마음이 없기 때문이다. 안타깝게도 영적 성장은 인내하는 마음 없이는 절대 불가능하다. 그들의 영혼을 위해 하느님께서 죄의 부패와 영혼의 정화에 필요한 소금처럼 슬픔을 허락하시면 그들은 하느님께 불만을 토한다. 그들은 병, 슬픔, 아픔을 인내와 기도로 대처하지 않는다. 그래서 시련 속에서 끝까지 인내하는 사람에게 하느님께서 내리시는 그 상을 놓치고 만다.

---

[62] 성 대 바실리오스, *Ἀσκητικαὶ Διατάξεις*, 2, PG 31, 1337.

여기서 인내에 대해 한 가지 더 첨언하고 싶은 점은 인내하는 마음이 물질적, 영적인 것을 이루어 내는 데에만 꼭 필요한 것이 아니라 이루어 낸 그것을 지키는 데에도 반드시 필요하다는 것이다. 다시 운동선수의 경우를 예로 들어보자. 어떤 선수가 운동경기에서 승리했다고 하자. 만약 그 선수가 승리한 후에 나태해져 몸의 컨디션을 제대로 유지하지 않는다면 과연 다음 경기에서 승리할 수 있겠는가?

우리가 인내의 덕을 성취하려면 우리의 시선은 언제나 인내의 원천이고 전형인 그리스도를 향해 있어야 한다. 그러면 우리는 그리스도에게서 인내의 덕을 성취할 수 있는 투쟁의 힘을 얻게 될 것이다. 그리스도를 본받아 자기 자신, 부인과 남편, 자녀, 친구, 동료를 인내로 대하는 법을 배우게 될 것이다. 그리고 인생의 고난과 슬픔 속에서 인내하는 법을 알게 될 것이다.

불행하게도 우리에게 종종 벌어지는 일이 있다. 그것은 우리가 그리스도의 인내를 본받아 살아가고 있다고 생각하면서도 정작 인내하는 마음이 필요한 여러 가지 어려운 상황에 직면하면 조바심을 내고 이기적인 반응을 보인다는 것이다. 단적인 예를 들어보면 남편이나 부인에게서 언짢은 말을 들었을 때 혹은 직장 동료에게서 모욕적인 언사를 들었을 때 우리는 그 순간을 참지 못하고 발끈한다. 또 다른 사람이 자신의 결점을 지적할 때 또는 나의 결점을 누구보다도 잘 알고 있는 가족이 자신의 문제점을 지적해도 우리는 그것을 감당하지 못하고 조급하게 반응한다.

에프렘 성인은 영적 투쟁의 경험을 통해 인내의 덕이 얼마나 어려운지 또 그것이 영적 성장에 얼마나 절실한지 잘 알고 있었기에 그의 기도를 통해 끊임없이 주님께 인내하는 마음을 간청하라고 우리에게 권장한다.

"내 생명의 주님이시며 주관자시여, 당신의 종인 나에게 인내하는 마음을 주소서." 그래서 "끝까지 참는 사람은 구원을 받을 것이다"(마태오 10:22)라는 당신의 말씀을 깨닫게 하소서.

"내 생명의 주님이시며 주관자시여, 당신의 종인 나에게 인내하는 마음을 주소서." 그래서 내가 당신의 섭리를 믿고 따를 수 있도록 또 "힘에 겨운 시련을 겪게 하지 않으시고 시련을 주시더라도 그것을 극복하고 벗어날 수 있는 길을 마련해 주신다."는 당신의 말씀을 믿고 살아가게 하소서.

"내 생명의 주님이시며 주관자시여, 당신의 종인 나에게 인내하는 마음을 주소서." 그래서 나의 구원을 위해 "부끄러움도 상관하지 않고 십자가의 고통을 견디어내신"(히브리 12:2) 당신만을 바라보며 살아가게 하소서. 아멘

내 생명의 주님이시며 주관자시여,
당신의 종인 나에게
사랑하는 마음을 주소서

사랑에 대하여

하느님의 사랑이 있는 사람은 복되다. 그는 언제나 하느님 주변에 머물고 있기 때문이다. 사랑 안에서 살아가는 사람은 "하느님 안"(요한Ⅰ 4:15)에 있는 것과 같다. 하느님은 사랑이시기 때문이다.(요한Ⅰ 4:8) 사랑이 있는 사람은 하느님의 도움에 힘입어 모든 이를 초월한다. 또한 사랑이 있는 사람은 두려움을 모른다. 사랑이 영혼 밖으로 두려움을 몰아내기 때문이다.(요한Ⅰ 4:18) 사랑이 있는 사람은 위대한 사람과 보잘 것 없는 사람, 빈자와 부자를 차별하지 않으며, 자신을 쓰레기처럼 여기고(고린토Ⅰ 4:13) 모든 것을 참고 견뎌낸다. 사랑이 있는 사람은 무례하거나 교만하지 않으며(고린토Ⅰ 13:4) 남을 비판하지 않는다. 그리고 나쁜 말을 일삼는 자를 멀리한다. 사랑이 있는 사람은 모략을 꾸미거나 비겁한 방법을 쓰지 않으며 형제를 밀어내려고 하지 않는다. 사랑이 있는 사람은 시기와 질투를 하지 않고 불의를 행하지 않으며 다른 사람의 추락을 기뻐하지 않고 잘못을 저지른 사람을 멸시하지 않는다. 오히려 함께 아파하고 힘이 되어 주며 그의 고통을 경감시켜준다. 도움이 필요한 형제를 모른 척 지나치지 않고 그에게 힘이 되어주며 목숨을 바친다. 사랑이 있는 사람은 하느님의 뜻을 실천하는 제자가 된다. 주관자께서 "너희가 서로 사랑하면 세상 사람들이 그것을 보고 너희가 내 제자라는 것을 알게 될 것이다."(요한 13:35)라고 말씀하셨기 때문이다. 사랑이 있는 사람은 결코 욕망을 위해 소유하지 않으며 그 어떤 것도 자신의 것이라고 생각지 않는다. 오히려 그는 자신이 소유한 모든 것을 다른 사람들을 위해 내놓는다. 사랑이 있는 사람은 타인을 손님이 아닌 자신의 가족처럼 생각한다. 사랑이 있는 사람은 성을 내거나 분노하지 않으며 자랑도 하지 않는다. 불의를 기뻐하지 않고 거짓을 말하지 않으며 사탄을 제외한 그 누구도 적으로 생각하지 않는다. 사랑이 있는 사람은 모든 것을 인내하고 관용과 호의를 베푼다.(고린토Ⅰ 13:4-5 참조)

따라서 사랑을 성취한 사람은 복되다. 그는 자신의 재산과도 같은 그 사랑을 가지고 하느님을 향해 세상을 떠난다. 그리고 하느님께서는 당신의 사람을 알아보시고 그를 품안에 받아들이신다. 그는 천상에서 천사들과 함께 사랑의 일꾼으로 살아갈 것이며 그리스도와 함께 천상을 다스리게 될 것이다.

시리아의 성 에프렘, ῎Εργα, 1, 40-42.

9. 내 생명의 주님이시며 주관자시여, 당신의 종인 나에게 사랑하는 마음을 주소서

　에프렘 성인의 기도에서 우리가 하느님께 베풀어 달라고 마지막으로 요청하는 네 번째 덕은 덕 중의 덕, "율법의 완성"(로마 13:10)인 사랑이다.

　에프렘 성인은 그의 기도에서 사랑을 제일 마지막으로 언급했다. 그 이유는 사랑이 집의 지붕에 해당되기 때문이다. 기초가 튼튼하고 비싼 자재로 바닥과 벽, 창문 등을 장식한다고 해도 지붕이 없으면 그 집은 사람이 거주할 수 없는 쓸모없는 건물이 된다. 마찬가지로 많은 덕을 이룬 사람일지라도 사랑하는 마음이 없으면 모든 것이 헛되게 된다.

　"내 생명의 주님이시며 주관자시여, 당신의 종인 나에게 사랑하는 마음을 주소서."

　주여, 나에게 사랑하는 마음을 주소서. 내가 "하느님의 말씀을 받아 전할 수 있다 하더라도 온갖 신비를 환히 꿰뚫어 보고 모든 지식을 가졌다 하더라도 산을 옮길 만한 완전한 믿음을 가졌다 하더라도 사랑이 없으면 아무것도 아니기"(고린토Ⅰ 13:2) 때문입니다.

　주여, 나에게 사랑하는 마음을 주소서. 내가 "비록 모든 재산을 남에게 나누어준다 하더라도 또 내가 남을 위하여 불 속에 뛰어든다 하더라도 사랑이 없으면 모두 아무 소용이 없기"(고린토Ⅰ 13:3) 때문입니다.

　주여, 나에게 사랑하는 마음을 주소서. 사랑은 당신의 "가장 크고 첫째가는 계명"(마태오 22:38)이기 때문입니다. 사도 바울로도 "사랑은 모든 것을 하나로 묶어 완전하게 한다."(골로사이 3:14)고 당신의 말씀을 확인시켜 주었습니다.

　사도 바울로는 덕 중에서도 사랑을 가장 지고한 덕으로 여겼다. 예언이나 방언, 지식의 은사를 넘어 "믿음과 희망과 사랑 중에서 가장 위대한 것이 사랑"(고린토Ⅰ 13:13)이라고 역설했다. 사랑을 믿음과 희망도 초월하는 최고의 선으로 본 것이다.

　사랑은 여타 종교들과 그리스도교를 구분 짓는 커다란 척도이다. 사랑은 그리스도인에게 모든 것이다. "하느님은 사랑"이시고 "사랑 안에 있는 사람은 하느님 안에 있으며 하느님께서는 그 사람 안에 계시기"(요한Ⅰ 4:16) 때문이다.

　그러면 여기에서 말하는 사랑이란 무엇일까? 세상에 만연하는 육체적 사랑이나 세속적 사랑을 의미하는 것은 아니다. 오늘날 인간은 과거 어느 때보다도 "사랑"이라는 단어를 많이 사용한다. 하지만 우리 시대의 사랑은 고갱이가 빠진 허무한 신기루 같다. 그리스도적 사랑이 아닌 육체적인 사랑을 추구하는 오늘날의 많은 사람들의 마음 속은 악의, 질투심, 그리고 복수심으로 가득 차 있다. 이런 사랑은 미움보다 더 악하다. 왜냐하면 미움은 억지로라도 자의식을 환기시켜 죄에 빠지지 않도록 억제할 수 있지만 이런 사랑은 자신의 의지와 다르게 파멸로 이끌 가능성이 높기 때문이다.

저자인 나는 참된 그리스도교적 사랑에 대해 독자들에게 자세히 설명하고 싶지만 그러기에는 나의 글의 부족함이 너무 크다. 그래서 사도 바울로의 글로 대신하려 한다.

"사랑은 오래 참습니다. 사랑은 친절합니다. 사랑은 시기하지 않습니다. 사랑은 자랑하지 않습니다. 사랑은 교만하지 않습니다. 사랑은 무례하지 않습니다. 사랑은 사욕을 품지 않습니다. 사랑은 성을 내지 않습니다. 사랑은 앙심을 품지 않습니다. 사랑은 불의를 보고 기뻐하지 아니하고 진리를 보고 기뻐합니다. 사랑은 모든 것을 덮어주고 모든 것을 믿고 모든 것을 바라고 모든 것을 견디어냅니다. 사랑은 가실 줄을 모릅니다."(고린토Ⅰ 13:4-8)

진실하고 순수하며 희생적인 사랑은 오직 하느님의 사람, 성인들에게서만 찾아볼 수 있다. 그들이 사랑이신 하느님의 왕국에서 존재하는 이유도 바로 여기에 있다. 성인들은 사랑의 최고봉에 이르렀기에 사랑에 대해 이렇게 말할 수 있었다.

"사랑이란 길에서 나병환자를 만났을 때 기쁜 마음으로 나의 건강한 몸을 주는 것이다. 그리고 가능하면 내가 그의 몸을 취하는 것이다."[63]

---

63) 아가톤 사부, *Γεροντικόν*, 15.

인간의 본성에는 사랑이 깃들어있다. 사랑은 인간을 특징짓는 요소이다. 하느님으로부터 창조된 인간은 선천적으로 사랑하려는 경향을 가지고 태어난다. 다시 말해서 모든 인간은 사랑하기 위해 태어난다.[64] 반면 미움은 인간의 본성과 거리가 멀다. 미움은 원죄 이후의 유산이다.

"현자賢者는 아무도 미워하지 않으며 우자愚者는 아무도 사랑하지 않는다. 혹시 사랑하게 되더라도 자신과 같은 사람만 사랑한다."[65] 이렇듯 미움은 어리석은 자의 표징이다. 인간의 정욕은 신성한 사랑을 폄하하고 파괴한다. 그리스도께서 "세상은 무법천지가 되어 사람들의 마음 속에서 따뜻한 사랑을 찾아볼 수 없게 될 것이다."(마태오 24:12)라고 예견하신 것처럼 오늘날 사랑은 어디를 둘러봐도 꽁꽁 "얼어붙어" 있다.

우리가 하느님을 향해 하는 사랑의 고백은 진정성이 없고 이기적이다. 하느님을 사랑한다고 말하지만 그 저변에는 형벌을 피하고 원하는 것을 받고자 하는 욕망이 자리잡고 있다. 이웃을 사랑한다고 말하지만 그 사랑 역시 영적 가치가 아닌 물질적 가치에 기초하기 때문에 또한 이기적이다. 우리는 받는 것에 즐거움을 느끼고 이익에 민감하다. 자기의 이익을 최우선으로 두기에 이웃은 우리의 정욕, 이기심을 채우기 위한 도구일 뿐이다. 어떤 이유에서든지 우리의 기대를 저버리는 결과가 나오면 그때에는 가면을 벗

---

64) 소포클레스의 고대 그리스 비극 "안티고네"의 "미워하기 위해 태어나지 않고 사랑하기 위해 태어났다"는 고전 문장이 오늘날 전 세계 문학작품 속에 녹아있다.
65) 시리아의 성 에프렘, "Ἔργα 7, 398.

어 던지고 본심을 드러낸다. 그 순간 우리가 말했던 사랑은 미움과 적의와 혐오로 바뀐다.

  높은 문명의 혜택을 누리고 사는 현대인들이 자기중심적인 틀에 갇혀 지낸다는 것은 참으로 부끄러운 일이다. 감정의 "불임"에 빠져 오로지 자신만 생각하고 이웃을 경시하는 현실이 안타까울 뿐이다.

  그리스도께서 가르치신 사랑은 정글과 같은 세상 속에서 인간의 감정을 포로로 사로잡고 있는 "쇠사슬"을 끊어 버리게 하는 혁명적인 행동이다. 인간을 "평안"하게 해주고 원초적 본능을 제거할 수 있는 것은 오직 사랑하는 마음밖에 없다. 그리스도의 사랑은 이웃과 친교할 수 없도록 가로막는 이데올로기를 비롯한 모든 "벽"을 초월하게 해준다.

  하느님과 이웃에 대한 참된 사랑의 의미가 얼마나 왜곡되어 있는지를 본다면 우리가 얼마나 자주 하늘을 향해 에프렘 성인의 기도를 드려야 하는지 깨닫게 될 것이다.

  "내 생명의 주님이시며 주관자시여, 당신의 종인 나에게 사랑하는 마음을 주소서."

  내 생명의 주님이시며 주관자시여, 진정으로 사랑할 수 있도록 나에게 은총을 주소서.

  내 생명의 주님이시며 주관자시여, 나에게 힘을 주시어 당신께서 우리를 사랑하셨던 것처럼 모든 사람을 그렇게 사랑할 수 있게 하소서.

내 생명의 주님이시며 주관자시여, 나를 도와주소서. "나 자신만을 생각하는" 세상적인 사랑이 아니라 당신의 헌신적이고 희생적인 사랑으로 모든 이를 대하게 하소서. 내가 다른 이들의 나약함과 그들만의 독특함을 인정하고 인내할 수 있도록, 그리고 나의 적들도 용서하고 사랑할 수 있도록 도와주소서.

주님이시며 임금이시여,
나로 하여금
내 자신의 잘못을 알게 하소서

자기 성찰에 대하여

일반적으로 사람들은 자신을 돌아보고 가꾸기보다는 남의 일에 지나치게 관심을 두고 쓸데없는 호기심을 갖는다. "형제의 눈 속에 있는 티는 보면서 제 눈 속에 들어 있는 들보는 깨닫지 못하기"(마태오 7:3) 때문이다. 하지만 그대는 남의 허물이나 단점을 찾는 데 쓸데없이 시간을 허비하지 말고 자신을 돌보는 데 주의를 기울여라. 영혼의 시선을 그대 자신을 살피는 데 집중하라. 그대의 삶의 지표가 하느님의 계명에 따라 살아가는 것이라면 자신을 살피는 일을 소홀히 해서는 안된다. 자신의 죄는 감추고 세리의 죄는 드러내는 바리새인같이(루가 18:11) 타인의 잘못을 지적하려고 애쓰지 말고 혹시 생각으로 죄를 짓지는 않았는지, 생각에 앞서 혀가 먼저 죄를 짓지는 않았는지, 무의식중에 손이 죄를 짓지는 않았는지를 살펴야 한다. 그리고 그대가 행한 많은 잘못을 인지하게 되면 (인간인 그대는 분명히 자신의 수많은 잘못을 보게 될 것이다) 그대는 세리처럼 기도하기 바란다. "오, 하느님! 죄 많은 저에게 자비를 베풀어주십시오."(루가 18:13)

성 대 바실리오스, *Εἰς τὸ "πρόσεχε σεαυτῷ"*, 5, PG 31, 209.

10. 주님이시며 임금이시여, 나로 하여금 내 자신의 잘못을 알게 하소서

에프렘 성인의 기도의 마지막 요청에는 두 개의 축이 있다. 하나는 자신의 잘못을 아는 것이고, 다른 하나는 첫 번째 결과의 자연스런 산물인 형제를 판단하지 않는 것이다.

자신에 대해서 잘 안다는 것은 지극히 자연스러운 것처럼 보일 것이다. 하지만 실제로는 그렇지가 않다! 확실히 자신의 것임에도 불구하고 혹은 자신과 무척 밀접한 관계에 있음에도 불구하고 제대로 알지 못하거나, 알고 있다 하더라도 깊이 인식하지 못하는 경우가 있다.

사람마다 조금씩 가감된 내용으로 이해하고 있는 교훈적인 신화가 있다. 그 내용은 이렇다.

세상 창조 때 인간은 신의 범주에 속해 있었다. 하지만 안타깝게도 인간이 신의 능력을 지나치게 남용하자 신들의 아버지는 인간에게서 신성神性을 제거해 인간이 절대 찾을 수 없는 곳에 숨기기로 결심했다. 문제는 어느 곳이 가장 안전한 장소냐는 것이었다.

이 문제를 해결하기 위해 신들이 모여 이런 저런 의견들을 내놓았다. "인간의 신성을 땅 속에 파묻읍시다." 신들의 아버지는 이렇게 대답했다. "안 돼! 그것만으로는 부족해. 인간이 땅을 파서 그것을 찾을 수도 있단 말이야."

신들이 다시 제안했다. "그렇다면 바다 깊은 곳에 숨겨 놓으면 어떨까요?" 신들의 아버지가 말했다. "그것도 안 돼! 빠르든 늦든 언젠가는 인간이 모든 바다를 탐험하게 될 거고 결국 그것을 찾아내고야 말 것이야."

계속해서 다른 의견이 흘러나왔다. "하늘 끝에 숨깁시다." 신들의 아버지가 다시 대답했다. "그것도 역시 안 돼! 언젠가는 인간이 저 멀리 있는 은하계를 여행하게 될 텐데 그때 찾아낼 거야."

신들은 더 이상 제안할 것이 없어서 이렇게 말했다. "바다도 땅도 하늘도 안 된다면 글쎄요… 어디에다가 숨겨야 할 지 모르겠습니다."

그때 신의 아버지가 고개를 끄덕이며 말했다. "인간의 신성을 어떻게 해야 할지 방법을 찾았다. 인간의 마음 속, 아주 깊숙한 곳에 그것을 숨겨두자. 인간이 결코 생각해 낼 수 없는 장소는 오직 그곳밖에 없어!"

이야기는 이렇게 끝이 났지만 그때부터 인간은 자신 안에 있는 이 신성을 찾기 위해 높은 산을 정복하고 땅을 파헤치고 깊은 바다와 우주를 탐험하고 헛되게 지구 주변을 배회한다.[66]

우리 자신, 이것이야말로 우리가 모르는 바로 그것이다! 고대의

---

66) 그리스 신화.

일곱 현자들 중의 한 명이었던 스파르타 출신 킬론Chilon of Sparta은 무엇이 가장 어려운 것이냐는 질문에 "자기 자신을 아는 것"이라고 대답했다. 유명한 격언 "너 자신을 알라"[67]가 풀기 어려운 과제인 이유는 사람들이 자신의 결점은 보지 않고 다른 사람의 약함은 보려고 하기 때문이다. "낙타는 자신의 곱사등은 보지 못하지만 자식의 등은 본다."[68]는 속담처럼 말이다.

이기심으로 가득 찬 사람들은 누군가 선의의 마음으로 그들의 결점을 지적하면 기분 나빠하며 외면한다. 어쩌다 스스로 깨닫게 되더라도 자기의 허물은 최소화하고 남의 허물은 최대화하려고 애쓴다. "너는 형제의 눈 속에 든 티는 보면서도 어째서 제 눈 속에 들어 있는 들보는 깨닫지 못하느냐?"(루가 6:41)라고 주님께서 말씀하시는 이유다.

우리가 자신의 잘못을 보지 않으려는 성향이 강한 것은 자기 성찰의 결핍 때문이다. 자각은 물리적인 능력의 성과물이 아니다. 그것은 영적인 성과물, 즉 하느님의 선물-은총이다. 우리는 이 점을 꼭 인식해야 한다. 에프렘 성인이 그의 기도에서 하느님으로부터 이 선물을 받으려고 간청했던 이유가 바로 여기에 있다.

---

[67] 격언 "너 자신을 알라"는 "무슨 일이든 도를 넘지 말라"는 의미의 "메덴 아간(Meden agan)"과 함께 델피의 아폴론 신전에 금(金)으로 된 글자로 적혀있었다. 아직도 "너 자신을 알라"라는 격언의 출처는 분명하지 않다. 다만 밀레토스의 탈레스, 스파르타의 킬론, 프리에네의 비아스, 솔론, 피티아, 호메로스, 소다몬 등에게서 기원한 것으로 추측하고 있다.
[68] 그리스 속담. 이기심 때문에 우리의 정욕을 보는 것이 얼마나 힘든지 이솝우화는 우리에게 분명하게 가르치고 있다. "각자 두 개의 보따리가 있는데 남의 보따리는 자기 앞에 두고 자기 보따리는 뒤에 둔다."(자기의 결점은 보고 싶어 하지 않는다)

우리는 지나칠 정도로 자신의 허물을 보는 것을 기피한다. 이것은 어쩌면 우리가 죄를 짓기 위해 창조되지 않았다는 것을 보여주는 하나의 방증일지도 모른다. 즉, 죄는 우리에게 영적 죽음을 가져다주기 때문에 무의식적으로 그것을 미워하는 것이다.

하지만 내가 내 안에 있는 죄, 잘못, 결점을 인지하지 못한다면 어떻게 나를 새롭게 할 수 있겠는가? 내 안에 있는 병을 알지 못한다면 어떻게 그 병을 치료할 수 있겠는가?

안타깝게도 우리는 최대한 다양하고 많은 지식을 습득하고 익히려고 부지런을 떨면서도 자신을 성찰하는 데는 소홀하다. 다시 말해 육체를 위해 눈에 보이지도 않는 아주 세밀하고 복잡한 연구를 하고 다양하고 많은 양의 지식과 정보를 수집하는 데 시간을 아낌없이 소비하면서도 영적인 성장을 위해서는 조금의 노력도 하지 않는다. 하지만 이런 방법으로는 우리 자신을 온전히 사랑할 수 없다. 그리스도께서는 이렇게 말씀하셨다.

"사람이 온 세상을 얻는다 해도 제 목숨을 잃으면 무슨 소용이 있겠느냐?"(마태오 16:26)

여러 분야에 능통하다고 해도 정작 내 자신에 대해서 무지하다면 과연 나에게 무슨 유익이 있을까? 아무리 위대한 업적을 이뤘다고 해도 나의 마음이 치료되지 않는다면, 나의 양심이 죄로부터 깨끗해지지 않는다면, 그리고 나의 영혼이 영생을 준비하지 못한다면 과연 그것이 나에게 무슨 이익을 가져다줄까? 차라리 주변의 것에 무지한 채 내 영혼 깊은 곳에 무슨 일이 일어나고 있는지를 아는 것이 나에겐 더 큰 의미가 있을 것이다. 무엇보다 나에게 가장 소중한 것은 내가 타락했음을 아는 것이다. 또 어떻게 해야 내가 다시 구원의 길로 들어 설 수 있는가를 아는 것이다. 내가 하느님을 만날 수 있는 길은 내 눈으로 직접 내가 죄인임을 직시하여 하느님의 은총을 입는 것 밖에 없다. 내가 나의 참 모습을 알게 된다면 내가 어떤 사람을 판단하고 비난할 수 있는 존재가 아님을 인정하게 될 것이다. 자기 성찰이 겸손과 사랑의 표징과 함께 동반될 때 그것은 거룩함으로 나타난다.

하느님께서는 신명기에서 우리가 자신을 성찰하기 위해서는 우리 자신으로 시선을 돌려야 한다고 말씀하신다.

"네 마음 속에 불의의 말이 숨어있지 않도록 네 자신을 조심하라."(신명기 15:9 70인역 참조)

대 바실리오스 성인은 이 구절에 대해 적절히 해석했다.

"그러므로 그대는 그대 자신을 조심하여 무엇이 구원에 도움이 되고 무엇이 구원에 해로운 것인지를 구분할 줄 알아야 합니다. 즉, 그대는 그대가 소유한 어떤 것이나 그대를 둘러싸고 있는 것들이 아니라 오직 그대 자신만을 돌아봐야 합니다. 왜냐하면 우리 자신은 우리가 소유한 것이나 우리를 둘러싼 것들과는 다른 것이기 때문입니다."[69]

그리스도교 이전에 이미 고대 그리스 철학자 피타고라스(기원전 580-500)는 그의 문헌을 통해 자기 성찰이라는 덕의 중요성에 대해 언급했다. 그는 제자들을 높은 자기 성찰의 상태로 끌어올리기 위

---

[69] 성 대 바실리오스, *Εἰς τὸ "πρόσεχε σεαυτῷ"*, 2-3, PG 31, 201-4.

해 매일 잠자리에 들기 전에 자신을 돌아보는 시간을 갖도록 훈육했다.

"오늘 하루 있었던 행위들에 대해 '내가 잘못한 부분은 없는가?' '내가 선한 일을 한 게 있는가?' '내가 했어야만 했는데 하지 않은 것은 무엇인가?'라고 자문하며 각 질문에 대해 하나하나 자세하게 세 번을 검증하고 눈을 붙여라. 만약 잘못한 게 있으면 자신을 질책하고 선한 일을 했다면 기뻐하여라. 이것에 관심을 기울이고 주의 깊게 살펴라. 그리고 열정을 다해 이것을 사랑해야 한다. 이것은 숭고한 미덕의 발자취를 너희에게 남겨줄 것이다."[70]

영적 수련을 통해 자기 성찰이 영적인 삶에서 얼마나 중요한 부분을 차지하고 있는지 잘 알고 있었던 에프렘 성인은 이 뜨거운 기도를 우리의 입에 담아 주님께 이렇게 바치게 한다.

"주님이시며 임금이시여, 나로 하여금 내 자신의 잘못을 알게 하소서."
주님이시며 임금이시여, 나에게 외형이나 현상이 아닌 깊은 곳에 자리하고 있는 내면을 볼 수 있는 능력을 주소서. 그래서 내가 나의 내적 인간(에페소 3:16)에게 관심과 주의를 기울일 수 있게 하시고 나의 허물, 잘못, 나약, 악함, 그리고 정욕을 식별할 수 있게 하소서.
주님이시며 임금이시여, 나의 잘못을 온전히 볼 수 있도록 은사를 베푸소서. 그리고 그 잘못으로 인해 절망에 빠지는 것이 아니라 회개하고 고쳐 구원의 길로 갈 수 있게 하소서. 아멘

---

70) 피타고라스, Χρυσᾶ Ἔπη, 40.

주님이시며 임금이시여,
나로 하여금 내 형제를
판단치 않게 하소서

판단에 대하여

남에 대해 판단하지 않고 적의를 품지 않는 것은 구원으로 가는 쉬운 길 중 하나이다. 하느님께서는 판단을 하거나 적의를 품는 사람을 그 어떤 죄인들보다 혐오하신다. 우리가 아무리 놀라운 업적을 이뤘더라도 다른 사람에 대해 판단을 하거나 적의를 품는다면 그 공든 탑은 허사가 되고 만다.

평생을 태만하게 보내는 한 수도사가 있었다. 어느 날 그는 중한 병에 걸려 죽음을 목전에 두게 된다. 하지만 그는 죽음을 두려워하지 않고 오히려 기뻐하며 기다린다. 그의 곁을 지켜주던 한 수도사가 그에게 물었다.

"형제여, 우리가 그동안 수도원에서 그대를 지켜본 바 그대는 무척 나태했고 영적인 게으름에 빠져 지냈소. 그런데 어찌 죽음을 앞두고 그렇게 당당하고 기뻐할 수가 있단 말이오. 나는 도저히 이해가 안 되오." "형제의 말이 맞소. 나는 좋은 수도사가 아니었소. 불행하게도 평생을 나태하게 지냈지요. 그런데 조금 전 천사들이 그동안 내가 지은 죄의 명부를 가져와 나의 죄를 읽어 주고는 '다 알고 있느냐?' 하고 묻지 않겠소? 그래서 내가 천사에게 '네, 다 잘 알고 있습니다. 하지만 제가 수도사가 된 이후 한 가지 꼭 지켜온 것이 있습니다. 그것은 한 번도 남을 판단하거나 적의를 품은 적이 없다는 사실입니다. 그러니 그 점을 헤아려 주십시오." 하고 대답했지요. 그러자 내 말이 끝나기가 무섭게 천사는 즉시 내 죄를 기록한 명부를 찢어 버렸다오. 나는 "남을 판단하지 마라, 그러면 너희도 판단 받지 않을 것이다."(마태오 7:1)라는 말씀과 "우리가 우리에게 잘못한 이를 용서하듯이 우리의 잘못을 용서하시고"(마태오 6:12)라는 주님의 기도에 따라 주님께서 나를 엄격하게 판단하지 않으실 거라 믿소. 그것이 지금 내가 아무런 근심 없이 기쁘게 나의 주관자이신 그리스도께 갈 수 있는 이유지요."

  그는 말을 마치고 평화롭게 하느님의 손에 자신의 영혼을 맡겼다. 그곳에 모여 있던 모든 수도사들은 그의 말에서 커다란 영적 유익과 위안을 얻었다. 사부는 영면한 수도사의 켈리에 모여 있던 모든 수도사들을 향해 이렇게 말했다. "우리의 형제는 평화로이 영원한 여행을 떠났다. 적의를 갖지도 판단을 하지도 않았기 때문이다. 그는 많은 수고 없이 구원을 쟁취한 것이다."

시나이의 아나스타시오스,
Λόγος περὶ τῆς Ἁγίας Συνάξεως καὶ περὶ τοῦ μὴ κρίνειν καὶ μνησικακεῖν,
PG 89, 849.

11. 주님이시며 임금이시여, 나로 하여금 내 형제를 판단치 않게 하소서

 이미 지난 장에서 언급했던 것같이 사람들은 자신의 진정한 실체를 보려하지 않으면서도 남의 결점이나 잘못에 대해서는 아주 쉽게 비판한다. 아니 단지 비판하는 것이 아니라 그 비판을 즐기기조차 한다.
 시나이의 요한 성인은 남을 판단하려는 욕망에 대해 이렇게 말했다.
 "다른 사람의 잘못을 엄격하고 편협하게 판단하는 사람들은 이러한 욕망에 넘어가기 쉽습니다. 먼저 자신의 잘못을 돌아보는 것과 같은 제대로 된 소양을 갖추지 못했기 때문입니다. 한편 이기심의 가면을 벗고 제대로 자신의 허물을 직시한 사람은 100년을 살면서 눈물을 요르단 강물처럼 흘린다 해도 죄를 슬퍼할 시간이 부족해 자기 자신을 가꾸고 돌보는 데에만 집중할 것입니다."[71]

---

71) 시나이의 성 요한, *Περὶ καταλαλιᾶς, Κλῖμαξ*, 10:11.

남을 비판하려는 욕망은 파멸을 초래한다. 요한 크리소스톰 성인은 이렇게 말했다.

"이 욕망에 빠진 사람들은 몸을 물어뜯는 것보다 더 죄질이 나쁩니다."[72]

비판은 단순히 나쁜 습관이 아니라 중죄이다. 사도 바울로는 남을 판단하는 죄의 습성을 가진 이들에게 엄중하게 경고했다.

"어떻게 우리가 형제를 심판할 수 있으며 또 멸시할 수 있겠습니까? 우리는 다 하느님의 심판대 앞에 설 사람이 아닙니까?"(로마 14:10)

교부들도 남에 대한 판단이 초래하는 파괴적인 결과에 대해 분명히 밝히고 있다.

"비유에 나오는 바리새인이 교만 때문에 단죄 받은 것을 기억하는가? 다른 정욕 없이 교만 하나만으로도 인간이 파괴될 수 있듯이 비판도 우리를 완전한 파멸로 몰 수 있다."[73]

내가 올리는 "주님이시며 임금이시여, 내 형제를 판단치 않게 하소서"라는 에프렘 성인의 간절한 기도는 내가 나의 죄성을 깨닫는 데 꼭 필요한 성찰을 하느님의 도움에 힘입어 이뤄나가고 있음을 의미한다. 그리고 이것은 곧 나도 세리처럼 "오, 하느님! 죄 많은 저에게 자비를 베풀어주십시오."(루가 18:13)라고 외칠 수 있음을 뜻한다. 또 내가 깊이 인식하는 가운데 "주 예수 그리스도시여, 죄인인

---

72) 성 요한 크리소스톰, Ἀπόδειξις τοῦ χρησίμως τὰς περὶ Χριστοῦ καὶ ἐθνῶν καὶ τῆς ἐκπτώσεως Ἰουδαίων προφητείας ἀσαφετες εἶναι, PG 56, 187.
73) 시나이의 성 요한, Περὶ καταλαλιᾶς, Κλῖμαξ, 10:16.

나를 불쌍히 여기소서"라고 예수 기도를 드릴 수 있음을 말한다.

우리가 남을 판단해서는 안 되는 세 가지 근본적인 이유를 살펴보자.

첫째, 가장 주된 이유는 판단의 권한은 오직 하느님에게 있다는 점이다. 한 분만이 입법자이고 한 분만이 심판자이다. 하늘의 아버지께서는 "그 권한을 모두 인간이 되신 아들에게 맡기셨다."(요한 5:22 참조) 그래서 요한 크리소스톰 성인은 이렇게 말했다.

"독생자의 자리를 가로채려 애쓰지 마십시오. 심판석은 그분의 것입니다. 심판을 하고 싶으십니까? 누구도 그대의 판단에 대해 비난하지 않는 그대만의 유익한 법정이 있습니다. 이성을 양심의 판사로 앉히고 그 앞에 그대의 모든 잘못들을 내려놓으십시오. 그리고 그대 영혼의 죄를 검증한 후 확실하게 책임을 물어 말하십시오. '왜 너는 이렇게 행동했느냐?' 만약 그대의 양심이 그것들을 외면하고 다른 이들을 탓하려든다면 양심에게 이렇게 말하십시오. '나는 그것들에 대해 너를 심판하는 것이 아니다. 너 역시 그것들을 변명하려 이곳에 온 것이 아니다. 누가 나쁜지가 왜 너에게 중요한가? 지금 네가 해명을 해야 할 것은 네가 왜 이런 나쁜 짓을 했는가 하는 것이다. 그러니 너는 남을 탓하지 말고 네 것을 검증하라.' 그대는 지속적으로 이런 고민 속에 양심을 붙잡아 두어야 합니다."[74]

---

74) 성 요한 크리소스톰, *Εἰς τὸν Ματθαῖον, Ὁμιλία* 42, PG 57, 454-5.

"우리에게 남의 종을 판단할 권리가 있습니까?"(로마 14:4 참조)라는 성서 말씀처럼 그대는 누구이기에 본인에게 속하지 않은 권한을 강탈하려고 하는가? 이것은 세속적인 법으로도 "월권"에 해당되어 엄하게 처벌된다. 그런데 어떻게 그대는 주제넘게 형제를 판단하려 하는가? 그대가 판단하는 사람은 그대의 소유물이 아닌 그대와 똑같은 하느님의 종이다. 그러므로 그를 심판할 수 있는 권한은 오직 하느님에게만 있다. 그리고 하느님만이 그를 완벽하고 객관적으로 판단하실 수 있다. 그 이유는 그분만이 모든 행위의 동기, 의도, 그리고 내면의 깊이를 총체적으로 파악하실 수 있기 때문이다.

시나이의 요한 성인은 이렇게 말했다. "나는 눈에 보이게 죄를 지었지만 아무도 모르게 회개한 사람을 보았습니다. 나는 그를 부도덕한 사람이라고 비난했지만 하느님께서는 그를 순결한 사람으로 여기셨습니다. 회개로 하느님의 마음을 완전히 풀어드렸기 때문입니다."[75] 성인은 계속 말을 이어갔다. "죽음을 목전에 둔 상황에서 누군가 죄를 짓는 것을 보더라도 절대로 그를 판단하지 마십시오. 하느님의 결정은 인간이 알 수 없는 부분이기 때문입니다. 어떤 사람들은 눈에 띄게 큰 죄를 짓고서 눈에 띄지 않게 더 큰 선을 행하기도 합니다. 하지만 남을 비판하기를 좋아하는 사람들은 눈에 보이는 현상에만 치우친 나머지 자신도 모르게 죄 없는 자를 비난하는 우를 범하게 됩니다. 즉, 그들이 손에 붙들었던 것은 태양이 아니라 연기였던 것입니다."[76] 우리는 "유다가 예수님 제자들

---

75) 시나이의 성 요한, *Περί καταλαλιᾶς, Κλῖμαξ*, 10:6.
76) Ibid, *Κλῖμαξ*, 10:9.

의 일원이었고 강도가 살인자들의 일원이었지만 한 순간 서로의 위치가 바뀌었다는 사실을 잊어서는 안 된다."[77]

내세에 갔을 때 우리는 당황하게 될지도 모른다. 지옥에 있을 거라고 굳게 믿었던 사람들이 낙원에 있고, 낙원에 있을 거라고 생각한 사람들이 지옥에 있는 것을 보게 될 것이기 때문이다. 그러므로 우리는 보고 들은 모든 것을 전지전능하시고 정의로우시며 자비로우신 심판자께 맡기고 판단하지 않도록 하자.

판단을 피해야 하는 두 번째 이유는 그 정욕이 이웃을 향한 우리의 애정을 파괴하기 때문이다. 판단은 살인이나 마찬가지라는 표현은 결코 지나치지 않다! 판단은 인간의 정신을 흐트러뜨리고 무력화시킨다. 성 요한 크리소스톰은 이렇게 말했다.

"그대는 금식을 합니까? 그대의 나쁜 행실 때문에 남이 죽는데 금식만 한다고 과연 유익이 있겠습니까? 그대는 고기를 금식하면서도 형제의 육신을 삼키고 있습니다. 그러니 음식만 금하지 말고 그대의 정욕도 함께 금하십시오. 판단, 거짓, 조소, 적의, 모욕 그리고 각종 불필요한 호기심을 멀리하십시오."[78]

"생각이 바른 사람이라면 비난이 미움과 적의로부터 나온다는 것을 결코 의심하지 않을 거라고 나는 확신합니다."[79]

그대가 누군가를 사랑한다면 그대는 결코 그를 나쁘게 판단하여 깎아 내리지 않을 것이다. 그리고 어머니가 자식의 허물을 감싸주

---

77) Ibid, 10:4.
78) 성 요한 크리소스톰, *Περὶ νηστείας*, PG 62,757.
79) 시나이의 성 요한, *Περὶ καταλαλιᾶς, Κλῖμαξ*, 10:1.

듯이 그의 잘못을 덮어주려고 노력할 것이다. 시나이의 성 요한은 남의 잘못을 지적하는 자신의 정욕을 정당화하기 위해 그것을 "사랑"으로 가장한 이들에게 이렇게 충고한다.

"나는 몇 명이 누군가를 비판하는 소리를 듣고 그들을 질책했습니다. 그랬더니 악의 일꾼인 그들은 자신의 행동을 정당화하려고 비판이 그에 대한 관심과 사랑의 표현이라고 둘러댔습니다. 그래서 나는 '남몰래 이웃을 비난하는 자, 내쫓아버리라'(시편 90:5 70인역 참조)는 말씀이 참되다는 것을 보여주기 위해, 그들에게 그런 식의 사랑은 버리라고 충고했습니다. 그대가 누군가를 사랑한다고 말하고 싶다면 그를 비난하지 말고 그를 위해 몰래 기도해 주십시오. 그러면 주님께서 기쁘게 받아주실 것입니다."[80]

"이웃을 사랑하는 사람은 비난하는 이들을 결코 가까이 하지 않습니다. 그는 불을 피하듯 그들을 멀리합니다."[81]

아무리 순수해 보이는 수다나 비판이라도 미움을 싹트게 하여 우정, 동료애, 오랜 인간관계를 소원하게 만들 수 있다.

우리가 온 힘을 다해 영육을 파괴하는 비판의 정욕에서 벗어나야 하는 마지막 이유는 그것이 예외 없이 우리를 영원한 단죄의 길로 이끌기 때문이다. 반면 우리가 남을 비판하지 않는다면 보다 쉽게 구원의 길을 갈 수 있다. 즉, "우리의 잘못을 사함 받는 빠른 지름길 중 하나는 '남을 판단하지 마라. 그러면 너희도 판단 받지 않을 것이다'(마태오 7:1 참조)라는 주님의 말씀을 지키는 것이다. 불이 물과 어

---

80) Ibid, Κλῖμαξ, 10:3.
81) 시나이의 성 요한, Περὶ ἀγάπης, ἐλπίδος καὶ πίστεως, Κλῖμαξ, 30, 15

우러질 수 없듯이 비판이 회개를 사랑하는 이와 함께할 수 없다."[82]

여기에서 말씀하신 "판단하지 말라"는 의미는 우리의 판단이나 생각의 표출, 다시 말해 인격이나 상황을 평가할 수 없다거나 우리의 행로를 상황에 맞게 조절하지 말라는 것이 아니다. 당연히 우리는 어떤 행위를 보고 생각하고 판단할 권리를 갖는다. 하지만 행위를 한 그 사람을 단죄하거나 심판해서는 안 된다. 왜냐하면 "남을 판단하는 대로 너희도 하느님의 심판을 받을 것이고 남을 저울질하는 대로 너희도 저울질을 당할 것이"(마태오 7:2)기 때문이다.

우리가 이웃을 단죄한다면 우리 역시 하느님으로부터 그렇게 단죄 받을 것이다. 이웃을 비판하는 것은 우리 자신을 단죄하는 데 동의하는 것과 동일하기 때문이다! 그러므로 우리는 다른 이들을 관대하게 대하자. 그러면 하느님께서도 우리에게 관대하실 것이고 우리는 "심판날" 하느님의 자비를 입게 될 것이다.

그렇다면 비판하려는 욕망에서 벗어나기 위해서 우리는 어떻게 해야 할까?

첫째, 우리 자신을 강제할 필요가 있다. 자신에 대한 강압 없이 좋은 성과물을 기대하기는 힘들다. 특히 남에 대한 판단을 하지 않기 위해서는 더더욱 그렇다. 우리는 매일 적은 시간이라도 일정한 시간을 정해 우리의 행동, 생각, 감정을 검증해야 한다. 그리고 그 시간에는 오직 자기 자신을 검증하고 돌아보는 것에만 집중해야 한

---

[82] Ibid, 10:8.

다. 절대 다른 업무와 병행해서는 안 된다. 이렇게 꾸준히 하다보면 어느 시점부터는 습관처럼 자기 검증을 하게 될 것이다. 그리고 우리가 누구인지, 어떤 정욕이 우리를 지배하고 있는지, 우리의 정신과 마음의 병이 어디에 자리 잡고 있는지를 깨닫게 될 것이다.

둘째, 다른 사람의 약점을 충분히 이해해줘야 한다. 즉, 모두에게 자애롭고 관대하도록 애써야 한다. 그런데 우리가 마음을 너그럽게 하기 위해서는 자기 성찰이 필요하다. 자기 자신에 대한 성찰이 부족한 사람은 남에 대해 옹졸하고 인색하며 완고하다. 반면 자기 자신에 대해 잘 아는 사람은 남에 대해 관대하고 자애롭고 너그러울 수밖에 없다. 우리가 자기 성찰을 우리의 "동료"(마태오 18:33)로 삼는다면 누가 어떤 죄를 짓더라도 우리는 그를 환자처럼 바라보게 될 것이다.(죄는 실로 모든 병들 중 가장 무서운 병이다) 그리고 죄를 짓는 형제를 보더라도 비판의 욕망은 약해지고 사그라질 것이다. 우리가 병원에 입원해있다고 가정해보자. 우리가 병상에 누워있을 때 옆에 누워 있는 환자를 비판할 수 있겠는가? 그가 아무리 중한 병에 걸렸다 하더라도 우리는 그를 불쌍하고 가련하게 생각할 것이다. 영적인 환자에게도 이처럼 대해야 한다. 따라서 누가 어떤 죄를 짓든지 우리는 어느 수도자가 했던 지혜로운 말을 반복해야 한다.

"아, 오늘은 그가 죄를 지었지만 내일은 나로구나. 주여 나를 불쌍히 여기소서."[83]

교회의 성인들은 죄를 비판하고 단죄했지만 결코 죄인을 판단하

---

83) 도로테오스 사부, *Περὶ τοῦ μὴ κρίνειν τὸν πλησίον, Διδασκαλία*, 6, 75.

지는 않았다. 성인들이 보여준 자애로움은 다른 사람이 겪는 문제에 대한 깊은 인식으로부터 비롯됐고 이것은 모든 이들에게 위로가 되었다.

셋째, 다른 형제에 대해서 뭔가 나쁜 소문을 들었을 때 그들을 위해 기도하겠다는 확고한 원칙을 우리 안에 세우자. 이것은 매순간 우리가 손쉽게 할 수 있는 일인데 반해 비판하는 영에 대한 가장 강력한 무기가 된다.

마지막으로, 다른 이들이 우리가 비판에 동참하도록 우리를 부추길 때면 다음과 같이 부드럽게 말하도록 하자.

"형제여, 그만하시게. 나는 그보다 훨씬 더 심한 잘못을 매일 저지르면서 살고 있다네. 그러니 내가 어찌 다른 사람을 비판할 수 있단 말인가?"

이런 지혜로운 말은 두 가지 유익을 가져온다. 마치 한 가지 약으로 그대 자신과 이웃을 치료하는 것처럼 말이다.[84]

하루는 한 제자가 위대한 철학자 소크라테스에게 말했다.

"스승님, 제가 당신의 가장 좋은 친구에 대해서 드릴 말씀이 있습니다."

"잠시만. 그대가 내게 해주겠다는 그 말이 사실인가?"

"확실하진 않습니다."

"좋은 것인가?"

"좋지도 나쁘지도 않습니다."

---

84) 시나이의 성 요한, *Περὶ καταλαλιᾶς, Κλῖμαξ*, 10:7.

"나의 발전에 유용한 것인가?"
"아닙니다."
"그렇다면 나에게 아무것도 말하지 않는 것이 더 좋겠네!"

에프렘 성인은 하느님께 드리는 그의 기도의 마지막 간청을 통해 우리에게 구원의 길을 쉽게 갈 수 있는 방법을 제시해준다. 그는 형제를 향한 도타운 사랑과 비판하지 않는 태도를 통해 심판의 날에 우리가 하느님의 자비를 입을 수 있기를 바랐다.

주님이시며 임금이시여, 내 형제를 판단치 않게 하소서.
주님이시며 임금이시여, 당신의 은총으로 파멸로 몰고 가는 비판의 욕망에서 나를 보호하소서.
주님이시며 임금이시여, 형제를 판단하지 않게 하시고 내 자신의 참담한 상태를 볼 수 있게 도와주소서. 형제의 잘못이 아닌 나의 타락함을 볼 수 있게 하소서.
주님이시며 임금이시여, 당신의 은총을 내게 베푸시어 자성의 길을 걷게 하시고, 나의 단점을 온전히 직시하게 하시어 이 세상에서 나보다 더 큰 죄인이 없음을 깨달을 수 있는 그런 복된 경지에 이를 수 있게 하소서. 아멘.

주님은 영원히
찬미 받으시나이다. 아멘

12. 주님은 영원히 찬미 받으시나이다. 아멘

에프렘 성인은 인생의 주인이시자 주관자이신 분의 이름을 호명하며 그의 기도를 시작한다. 그리고 주님이시며 임금이신 하느님께 "주님은 영원히 찬미 받으시나이다. 아멘"이라는 찬양과 영광으로 기도를 마감한다.

올바르게 기도하는 법을 아셨던 성인들은 이기적인 욕구, 개인적인 영화, 그리고 구원에 대한 사적인 만족을 구하기에 앞서 먼저 성 삼위 하느님께 "보이게 또 보이지 않게 우리에게 베풀어주신 모든 은혜에 대해"[85] 멈추지 않는 찬양과 감사를 바쳤다.

물론 우리는 하느님께 올리는 기도 속에서 영적, 물질적 재화를 간구해야 한다. "온갖 훌륭한 은혜와 모든 완전한 선물은 하늘의 빛들을 만드신 위로부터 아버지께로부터 내려오는 것"(야고보 1:17 참조)이기 때문이다.

하지만 우리는 무엇보다도 먼저 하느님께 찬양과 영광과 감사를

---

85) 봉헌기도, *Θεία Λειτουργία Ἱεροῦ Χρυσοστόμου*

드려야 한다. 다시 말해 자비로우신 하느님을 향한 찬양과 영광과 감사가 기도의 첫 번째 자리를 차지해야 하는 것이다. 그 다음 우리는 모든 선한 것을 베푸시는 하느님께 필요한 것을 간청해야 한다.

하느님께서는 정교회의 "영적으로 참된"(요한 4:24) 예배 속에서 불리는 성가를 통해, 성인들의 이콘에 대한 교인들의 공경을 통해, 그리고 예배 속에서 행해지는 다른 모든 행위를 통해 찬양과 영광을 받으신다. 정교회 기도의 정수라 할 수 있는 성찬예배는 이렇게 성삼위 찬미로 시작된다.

"성부와 성자와 성령의 나라가 이제와 항상 또 영원히 찬미되나이다."

거룩한 봉헌물이 축성될 때에도 신자들은 모두 무릎을 꿇고 찬양의 성가를 부른다.

"오, 주여, 우리는 주님을 찬송하며 찬미하며 감사드리며 우리 하느님께 기도하나이다."

거룩한 감사의 성사(성찬예배)를 마칠 때에도 신도들은 모두 함께 "주의 이름이 이제로부터 영원토록 찬양 되시리이다"(시편 113:2 참조)라고 하느님을 찬양한다.

성찬예배 외에 정교회의 다른 모든 예식에서도 가장 우선하는 것은 하느님께 올리는 찬양과 영광이다. 모든 예식은 이렇게 시작한다.

"우리 하느님은 이제와 항상 또 영원히 찬미 받으시도다. 아멘"

이어서 "우리의 희망이신 하느님이시여, 당신께 영광을 돌리나이다."라는 기도가 드려진다.

성 삼위 하느님께 올리는 영광은 수없이 반복된다.

"영광이 성부와 성자와 성령께 이제와 항상 또 영원히 있나이다. 아멘"

에프렘 기도문에서 하느님께 "εὐλογῶ"(에블로고)라는 표현이 사용된다. 이 단어는 사람이나 사물을 대상으로 할 때는 보통 "축복하다"라고 번역된다. 그래서 우리는 부족하고 보잘 것 없는 죄인인 우리가 어떻게 하느님께 "축복하다"라는 표현을 쓸 수 있는지 의아해 할 수 있다. 하느님 자신은 모든 복의 원천이시기 때문이다. 하지만 이런 의구심은 이 단어가 사람에게 사용될 때는 "축복하다"라는 뜻을 가지지만, 반대로 하느님께 사용할 때는 "찬양하다" "예배하다" "감사하다"라는 뜻을 가진다는 것을 이해하면 해결된다. "나 어떤 일이 있어도 주님을 찬양하리라(εὐλογήσω)"(시편 34:1), "예배하는 모임에서 주여, 당신을 찬양합니다(εὐλογήσω)"(시편 26:12)라는 시편 찬양처럼 다윗도 많은 시편에서 바로 이런 의미로 이 표현을 사용하여 주님을 찬양했던 것이다.

우리는 주님을 향한 진정한 사랑과 경배의 마음으로 "성시와 찬송가와 영가"를 부르며 하느님께 영광을 바친다. 하지만 여기에서 우리가 꼭 기억해야 할 점이 있다. 그것은 우리가 바치는 영광이 하느님께 기쁘게 올라가게 하기 위해서는 우리의 삶 역시도 하느님께 영광이 되어야 한다는 것이다. 즉, 입으로만 하느님을 높이는 것이 아니라 삶속에서의 언행도 하느님을 높여야하는 것이다.

삶속에서의 선행과 하느님 아버지에 대한 영광은 직접적인 연관

성을 갖고 있다. 주님께서는 우리에게 이렇게 말씀하셨다.

"너희도 이와 같이 너희의 빛을 사람들 앞에 비추어 그들이 너희의 착한 행실을 보고 하늘에 계신 아버지를 찬양하게 하여라."(마태오 5:16)

진정 우리가 살아가면서 얼마나 이런 말들을 듣고 있을까? "사회에 아직도 정직하고 순수한 사람이 있는 것에 대해 하느님 당신께 감사와 영광을 돌립니다." "돈이 아닌 사랑으로 환자를 돌보는 의사를 만날 수 있게 해주셔서 하느님 당신께 감사와 영광을 바칩니다." "좋은 친구를 갖게 해주신 하느님께 진심으로 감사와 영광을 드립니다."

사도 바울로도 하느님의 영광을 우리의 삶 속에서 드러낼 것을 요구했다.

"하느님께서는 값을 치르고 여러분의 몸을 사셨습니다. 그러므로 여러분은 자기 몸으로 하느님의 영광을 드러내십시오."(고린토Ⅰ 6:20) "여러분은 먹든지 마시든지 그리고 무슨 일을 하든지 모든 일을 오직 하느님의 영광을 위해서 하십시오."(고린토Ⅰ 10:31)

요한 크리소스톰 성인은 이렇게 말했다.

"우리가 미래의 선물을 받기 위해서는 말을 뛰어넘어 행실로 자비의 하느님께 영광을 바치도록 하자."[86]

"하늘은 소리를 내면서 하느님께 영광을 드리지는 않지만 우리는 하늘이 하느님의 영광을 노래한다고 말한다. 왜냐하면 하늘의

---

[86] 성 요한 크리소스톰, *Εἰς τὸ κατὰ Ἰωάννην, Ὁμιλία* 11, PG 59, 80.

놀라운 조화와 아름다움이 인간이 하느님을 찬양하게끔 만들기 때문이다.(시편 19:1-4참조) 이렇듯 타의 존경을 불러오는 삶을 살아가는 사람은 비록 침묵하고 있어도 다른 이들이 그의 모습을 보고 하느님께 영광을 드린다. 하느님께서는 하늘보다 사람들의 깨끗한 삶의 모습에 의해 더 많은 영광을 받으신다."[87]

니사의 그레고리오스 성인도 같은 주제에 대해 이렇게 기록한다. "모든 덕의 원천이신 하느님의 능력을 확인시켜줄 수 있는 미덕과 삶으로 인간이 치장하지 않으면 인간을 통해 하느님이 영광을 받을 수 있는 다른 방법이 없다."[88]

하느님께 드리는 영광은 짧지만 포괄적인 표현의 의미를 담고 있다. 에프렘 성인은 그의 기도 마지막에 그 영광을 이렇게 표현한다. "주님은 영원히 찬미 받으시나이다. 아멘." 하느님에 대한 찬양과 영광으로 기도의 마지막을 맺었다는 것은 우리도 기도 속에서 자비의 하느님께 찬양과 영광을 드리는 일에 소홀히 해서는 안 된다는 것을 알려준다. 곧, 우리에게 일어난 좋고 나쁜 일에 상관없이 언제나 우리의 입에서는 "하느님께 영광"이라는 찬양의 말이 늘상 따라 붙어야 한다는 것을 보여준다. 요한 크리소스톰 성인도 올림비아다 봉사자에게 보낸 편지에서 "모든 것에 있어 하느님께 영광, 나에게 일어나는 모든 것에 있어 나는 결코 하느님께

---

87) Ibid. *Εἰς τὴν πρὸς Ῥωμαίους, 18*, PG 60, 579-580.
88) 니사의 성 그레고리오스, *Εἰς τὸ Πάτερ ἡμῶν, Λόγος 3os*, PG 44, 1156B.
89) 성 요한 크리소스톰, *Ἐπιστολὴ 12η*, PG 52, 610.

드리는 영광을 멈추지 않을 것이다."[89]라고 반복하여 강조한다.

하느님께 드리는 영광은 일시적이거나 세상적인 특성을 가지고 있지 않다. 그것은 기도의 유형으로서 거룩한 천사들과 함께 영원에서도 끝없이 지속될 것이다.

그러므로 형제들이여, 우리 모두 하느님께 영광을 드리는 일이 천사들의 소임인 것처럼 우리도 그들을 본받아 "우리 하느님께서 영원무궁토록 찬양과 영광과 지혜와 감사와 영예와 권능과 세력을 누리시기를 빕니다. 아멘."(요한계시록 7:12) 하고 외치자.

맺음말

 에프렘 성인의 기도가 제공하는 새롭게 거듭나는 능력은, 우리가 예배의 성스러운 순간에 느끼는 감동이나 감정에만 머문다면 우리 영혼에 아무런 역할도 하지 못할 것이다. 그리고 기도가 성당에서부터 우리의 일상적인 생활 속으로 확장되지 않는다면, 우리가 아무리 "그리스도 안에서 새로운 사람"(고린토Ⅱ 5:17 참조)으로 태어나길 바란다 해도 성인의 기도 속에 녹아있는 회개의 삶이 우리 자신의 변화와 성화로 이어지지는 않을 것이다.

 이것이 에프렘 성인의 기도의 목표이다. 교회의 다른 모든 기도들도 이 목표를 지향한다. 즉 예배의 삶이 우리의 일상의 삶으로 넘어가는 것이다.

 우리는 온 힘을 다해 나태, 절망, 권력의 욕망, 그리고 헛된 말의 정욕을 뿌리 뽑으려 노력해야 하고 동시에 정결, 겸손, 인내, 사랑, 자기 성찰, 그리고 남을 판단하지 않는 소중한 미덕들을 심고 가꾸도록 힘을 써야 한다.

 지금까지 육체적으로 또 영적으로 나태하게 지내며 시간을 허비했다면 지금부터라도 자신이 처한 상황과 능력에 맞는 유익한 일을 찾아보자.

절망에 빠진 사람은 하느님의 섭리를 절대적으로 믿고 포기하지 말자.

사람들로부터 칭송받기를 좋아하고 허영을 추구하며 살았다면 겸손을 사랑하도록 하고 영적으로 자신을 파멸로 몰고 가는 인간의 찬사를 추구하는 것을 멈추자.

습관적으로 쓸데없이 수다를 떨거나 부적절한 언사를 하던 사람은 앞으로는 언행에 조심하자.

지금까지 영육의 순결을 지키지 않고 살아왔다면 자신의 죄를 회개할 기회로 삼아 앞으로는 하느님을 볼 수 있는 마음의 정결을 지키며 살자.

이기적으로 행동했던 사람은 하느님의 은총과 자비가 그의 삶에 깃들 수 있도록 겸손해지자.

시련과 슬픔 속에서 인내하지 못했던 사람은 영혼이 안식을 찾을 수 있는 큰 덕인 인내에서 깨우침을 얻도록 하자.

사랑을 남에게 행동으로 표현하기 힘들었던 사람, 특히 자신을 미워하는 사람에게 사랑을 표출하기 힘들었던 사람은 사랑이신 하느님을 본으로 삼아 지금부터라도 사랑을 실천하자.

자기 성찰의 덕을 갖추지 못해서 자신의 죄에 대해서는 눈감고 다른 이의 약점에 대해서는 바리사이인처럼 외형적으로 비판하던 사람은 앞으로 "형제의 눈에 있는 티"를 보지 말고 자신의 눈에 있는 "들보"를 보도록 하자.

사순절에 특별히 드려지는 기도, 에프렘 성인의 이 영적인 기도는 인도자처럼 우리를 이끌어 영적 정화의 높은 정상에 성공적으로 이를 수 있도록 도와준다. "멸망의 사슬"에서 풀려나게 해주고 "하느님의 자녀들이 누리는 영광스러운 자유"(로마 8:21)에 참여하게 해준다. 따라서 우리는 부활절에 입으로만 아니라 우리의 삶으로도 이렇게 찬송을 부를 것이다.

"저승의 파괴와 죽음의 사망과 새롭고 영원한 삶의 시작을 경축하자. 아멘"[90]

---

[90] 부활절 카논 7 오디, Πεντηκοστάριον.